호미 아줌마랑

텃밭에 가요

우리가 즐겨 먹는 스물두 가지 작물의 한살이

호미 아줌마랑

텃밭에 가요

우리가 즐겨 먹는 스물두 가지 작물의 한살이

장순일 글 그림 | 안철환 감수

보리

차례

집 안에 만든 텃밭 6
텃밭에 나갔어 8
알아 두기 10

나는 호미 아줌마야.
아줌마는 호미를 좋아해.
크기는 작아도 웬만한 일은
척척 해내거든. 텃밭 농사를 지을 때도
호미가 가장 많이 쓰여. 지금부터
텃밭 농사 이야기를 들려줄게.

열매채소

뾰족뾰족 **고추** 21
반질반질 **가지** 25
오돌토돌 **오이** 29
둥글둥글 **호박** 33
탱글탱글 **토마토** 37
주근깨투성이 **딸기** 41
통통통 **수박** 45
샛노란 **참외** 49

잎줄기채소

파릇파릇 **시금치** 57
겹겹이 **배추** 61
줄기가 통통 **대파** 65
쭈글쭈글 **상추** 69
주렁주렁 **감자** 73
겹옷 입은 **양파** 77

뿌리채소

오동통 **무** 85
발긋발긋 **당근** 89
토실토실 **고구마** 93
울퉁불퉁 **생강** 97

한 해 농사가 끝났어 122
더 알아볼까? 124
가꾸기 달력 128
'가나다'로 찾아보기 130

곡식과 콩

허리가 잘록 **땅콩** 105
동글동글 **완두** 109
알이 콕콕 **옥수수** 113
톱니바퀴 잎 **들깨** 117

나는 콩콩이야. 우리 동네 둘레에는 작은 땅을 일구어 만든 텃밭이 많아. 텃밭에서 가꾸는 작물들 보러 갈래?

안녕? 나는 보리야. 작은 씨앗에서 통통한 무가 자라는 걸 보면 참 신기해. 내가 심고 가꾸니까 더 맛있어.

보리랑 콩콩이가 집 안에 만든 텃밭이야.

집 안에서는 겨울에도 채소를 키울 수 있지.

작은 그릇에 흙이나 물을 담아 길렀어.

날씨가 따뜻해졌으니 이제 텃밭에 나가 볼까?

7

겨우내 꽁꽁 얼었던 땅이 녹고 있어.

씨앗 뿌리기 전에 흙을 고르러 텃밭에 갔지.

어느새 파릇파릇 새싹들이 잔뜩 올라왔네.

자세히 들여다보니 먹을 수 있는 봄나물도 참 많아.

원추리

돌나물

꽃다지

알아 두기

농사를 시작하기 전에 알아 둘 것

텃밭 작물들은 가꾸는 사람 정성만큼 튼튼하게 자라.
흙을 부드럽게 만들고, 거름도 뿌려야 하지.
때에 맞춰 싹을 솎아 주고, 알맞게 물도 줘야 해.
먼저 농사를 시작하기 전에 알아 둘 일들을 살펴볼까?

호미 아줌마가 알려 줄게!

밭 고르기

봄이 오면 삽이나 괭이로 흙을 뒤집어서 밭을 일궈.
흙을 잘게 부수고 거름을 넣어서 땅을 기름지게 만들어야 하지.
밭을 일구다 주먹보다 큰 돌이 나오면 골라내고 잔돌은 그냥 두는 게 좋아.
돌 밑에는 늘 물기가 있어서 날이 가물 때 잔돌이 있으면 흙이 덜 마르거든.

두둑 만들기

씨앗을 뿌리기 전에 흙을 끌어모아 볼록하게 만들어. 흙을 끌어올린 곳을 두둑,
두둑과 두둑 사이를 고랑이라고 해. 두둑 위에 작물을 심어야 뿌리를 잘 내리고,
홍수나 가뭄 피해를 덜 입어. 비가 많이 오면 고랑으로 물이 빠져나가고, 두둑은 물을 머금어서
가물 때도 흙이 덜 마르지. 고랑은 사람이 다니는 길이기도 하니까 조금 넓찍하게 만들어.

상추 같은 잎채소나 들깨는 두둑을 낮게 만들어.

↓두둑 ↓고랑

땅속에서 알이 굵어지는 땅콩, 고구마, 감자는
흙을 높게 올려서 두둑을 만들지.

물 주기

채소가 자라는 데는 물이 아주 중요해.
흙 겉쪽이 마르기 시작하면 물을 흠뻑 뿌려 줘.
씨앗을 뿌리기 전이나 모종을 심을 때도
물을 많이 줘야 뿌리를 잘 내려.
하지만 물을 너무 많이 주면
씨앗이나 뿌리가 썩을 수 있으니까
잘 살펴보고 줘야 해.

🌱 씨앗 뿌리기

모종을 옮겨 심지 않고 밭에 씨앗을 바로 뿌리는 걸 '곧뿌림'이라고 해.
곧뿌림 하는 작물에 따라 씨앗을 뿌리는 방법이 달라. 씨앗을 뿌린 뒤에는 흙을
손바닥으로 살살 쓰다듬듯이 얇게 덮어 줘. 날이 가물 때는 조금 더 두텁게 덮어.

시금치 / 상추, 당근 / 배추, 무

- **흩어뿌리기**
  씨앗을 한 움큼 손에 쥐고 두둑에 골고루 뿌려.

- **줄뿌리기**
  호미로 두둑 위에 골을 낸 다음 거기에 씨앗을 뿌려.

- **점뿌리기**
  막대기로 두둑 위에 구멍을 파고 그 안에 씨앗을 서너 알씩 심어.

🌱 모종 기르기

옮겨 심으려고 가꾼 어린 식물을 '모종'이라고 해.

- **씨앗 심기**
  작은 화분이나 모종판에 흙을 담고 작은 막대기로 구멍을 판 다음 씨앗을 심어.

씨앗을 물에 불렸다가 심으면 싹이 더 잘 나.

- **모종하기**
  모종을 키울 자리에 옮겨 심는 걸 '모종한다'고 해. 모종을 뽑기 전에 화분이나 모종판에 물을 흠뻑 뿌려서 흙을 촉촉하게 해. 그래야 모종을 뽑을 때 뿌리가 끊어지지 않아. 두둑 위에 호미나 모종삽으로 구덩이를 파고 모종을 하나씩 넣고 심어.

솎아주기

포기 사이가 너무 촘촘하면 작물이 튼튼하게 못 자라.
싹이 작거나 병든 포기는 뽑아내서 포기 사이를 넓혀 주는 걸 '솎아 낸다'고 해.
뽑아낸 것도 버리지 말고 나물로 먹어.

 ## 버팀대 세우기

줄기가 쓰러지지 않게 받쳐 대는 걸 '버팀대'라고 해.
땅 위에 줄기를 뻗어 열매를 맺는 작물들은 버팀대를 세워서 묶어 줘.
열매 알이 굵어지면 무거워서 줄기가 부러질 수 있거든.

• 고추, 가지
포기마다 하나씩 버팀대를 세우고 끈으로
버팀대와 줄기를 둘러서 묶어.

• 오이, 호박, 완두
덩굴이 뻗어 나가는 작물들은 마주 보게
기대서 세워. 완두는 무릎 정도 높이로,
호박이나 오이는 사람 키만큼 긴 버팀대를 써.

생김새와 낱말을 알아볼까?

작물마다 자라는 모습이 다 달라. 생김새를 살펴보고, 어떻게 부르는지 알고 키우면 더 재밌어.

떡잎
씨앗에서 싹이 날 때,
처음 나오는 잎이야.
안에 양분을 저장하고 있어서
싹 트는 걸 도와줘. 본잎이
나기 시작하면 저절로 떨어져.

본잎
떡잎이 시들 때쯤
새로 나는 잎이야.
햇빛과 물, 양분을 모아서
스스로 영양분을 만들어.

곁가지
본래 자라던 굵은 줄기에서
돋아 나온 작은 가지야.

가지
큰 줄기에서
뻗어 나온 작은 줄기야.

잎
물, 양분, 햇빛을
모아서 영양분을 만들어.

잎자루
잎을 줄기나 가지에 붙게 하고,
잎이 햇빛을 잘 받게 해 줘.

줄기
식물이 쓰러지지 않도록 튼튼하게
받쳐 줘. 뿌리에서 빨아들인 양분을
잎과 꽃으로 보내는 일을 하지.

배추 생김새

꽃자루
꽃이 달리는 짧은 가지야.

꽃대
꽃자루가 달리는 줄기야.

줄기잎
줄기에 붙은 잎이야.

잎겨드랑이
가지나 줄기에 잎이 붙어 있는 곳이야.

뿌리잎
땅속에 있는 뿌리나 줄기에서 돋아나 땅 위로 올라온 잎이야. 잎이 땅에 붙어서 자라.

여러 가지 줄기

• 땅 위를 기면서 자라는 **기는줄기**

딸기

• 덩굴이 뻗어 나가는 **덩굴줄기**

호박

덩굴손은 실처럼 다른 물체를 감아서 줄기를 받쳐 주는 가느다란 덩굴이야.

• 땅속줄기 둘레에 비늘잎이 포개져 난 **비늘줄기**

비늘줄기

양파

• 뿌리처럼 땅속으로 뻗어 자라는 **뿌리줄기**

뿌리줄기

생강

• 땅속에 덩이 모양을 이룬 **덩이줄기**

덩이줄기

감자

🐞 꽃가루받이와 열매

암꽃은 암술, 수꽃은 수술을 가지고 있어. 수꽃가루가 암꽃의 암술머리에 옮겨 붙는 걸 꽃가루받이라고 해. 꽃가루받이를 해야 열매나 씨앗을 맺을 수 있어.

• 암수 다른 꽃
암꽃과 수꽃이 따로 피어. 바람이나 곤충, 새가 꽃가루를 날라 줘.

씨방 암꽃 밑에 붙은 통통한 주머니야. 꽃가루받이를 하면 씨방이 커져서 열매가 돼.

• 암수한꽃
한꽃봉오리 안에 암술과 수술을 모두 갖추고 있어. 한꽃봉오리에서 꽃가루받이를 한다고 해서 제꽃가루받이라고 해.

꽃받침 꽃 바깥쪽에서 꽃잎을 받치고 있어.

열매 제꽃가루받이를 하면 꽃 핀 자리마다 열매가 열려.

🐞 여러 가지 낱말

• 한해살이
한 해만 사는 식물이야. 흔히 봄에 싹이 나서 가을에 열매를 맺고 시들어.

• 두해살이
두 해에 걸쳐서 사는 식물이야. 심은 해에 싹이 나서 자라다가 이듬해에 열매를 맺고 시들어.

• 여러해살이
여러 해 동안 사는 식물이야. 겨울에도 뿌리가 살아 있어서 봄에 다시 싹이 나와.

• 서리
공기 속에 떠다니는 물방울이 낮과 밤의 기온 차이 때문에 땅 위에 하얗게 얼어붙는 걸 서리라고 해. 고장마다 다르지만 주로 늦가을부터 이른 봄까지 내려. 서리가 내리면 식물이 시들어서 잘 자라지 못해. 서리가 내리는 때를 피해서 심고 거두어야 해.

열매채소

열매를 먹는 채소

고추는 어떻게 자랄까?

고추는 심어 기르는 한해살이 열매채소야.
해가 잘 들고 물 빠짐이 좋은 밭에 심어야 하지.
초여름부터 서리가 내리기 전까지 계속 열매가 열려.
날씨가 무덥고 햇볕을 많이 받아야 열매가 빨갛게 잘 익어.

고추는 모종을 키우기가 힘들어서 주로 사다 심어.

1. 씨앗은 납작하고 노르스름해. 모종판에 씨앗을 심고 따뜻한 곳에 두면 일주일쯤 뒤에 싹이 나. 싹이 나고 열흘쯤 지나면 본잎이 나기 시작해.

구덩이에 모종을 하나씩 넣고 물을 흠뻑 주면서 옮겨 심어.

2. 싹이 나고 한 달 넘게 지나면 줄기가 굵어지고 잎이 여러 장 나. 이때쯤 모종을 밭에 옮겨 심어. 뿌리가 자리를 잡으려면 2주쯤 지나야 해.

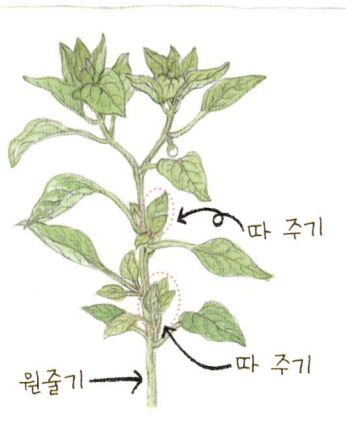

호미 아줌마가 들려주는 텃밭! 하나 더 알기

꽃이 피기 시작하면 아래쪽에 새로 나는
곁가지를 손으로 따 줘. 그래야 원줄기랑
열매 쪽으로 영양분이 많이 가서
줄기가 튼튼해지고 열매도 많이 열리거든.

④ 모종을 옮겨 심고 한 달쯤 지나면
가지 사이에서 흰색 꽃이 군데군데 피어나.
꽃이 지면 열매가 열리고, 한 달쯤 지나면 빨갛게 익어.

③ 모종을 심은 지 스무 날쯤 지나면
새로운 가지가 돋아나기 시작해.
이때쯤 버팀대를 세우고 줄을 묶어 줘.

⑤ 먼저 익은 열매는 그때그때 따 내. 늦가을까지
계속 꽃이 피고 열매가 열려. 서리가 내리면
더는 열매를 맺지 않고 그대로 말라 버리지.

보리랑 콩콩이랑 고추를 냠냠 쩝쩝

고추는 열매에서 나는 매운맛 때문에 양념으로 널리 쓰여. 고춧가루는 우리 나라 사람들이 가장 많이 쓰는 양념이지. 풋고추는 된장이나 고추장에 찍어서 날로 먹기도 해. 어린 고춧잎은 데쳐서 나물로도 먹어.

풋고추

씨앗

아~ 맵다 매워!

왜 매운 맛이 날까?

고추를 반 갈라 보면 안쪽에 씨앗이 다닥다닥 붙어 있어. 여기에 매운맛을 내는 성분이 많이 들어 있지. 매운 고추장 넣고 떡볶이를 만들면, 혀가 얼얼하게 매워도 자꾸자꾸 먹게 되지.

고추는 어떻게 보관할까?

빨갛게 익은 고추는 햇볕에 널어서 바싹 말려. 말린 고추를 곱게 빻아서 고춧가루나 고추장을 만들어.

장아찌는 제철 재료를 간장이나 소금물에 담가서 삭혀 먹는 음식이야.

고추장아찌

여름철 끝물에 나오는 작은 풋고추로 장아찌를 담그면 맛이 참 좋아. 간장에 잘 삭은 고추는 아삭아삭하고 짭짤해서 입맛을 돋우지.

요리조리 고추잡채 만들기   재료 고추, 피망이나 파프리카, 양파, 돼지고기, 소금, 후추, 참깨, 기름

1. 고기에 소금과 후추를 뿌리고 조물조물 주물러서 간이 배게 해.

2. 고추, 피망, 파프리카는 속에 든 씨앗을 빼내. 준비한 채소는 모두 채 썰어서 살짝 데쳐.

3. 프라이팬에 기름을 두르고 고기를 볶다가, 데쳐 둔 나머지 재료들을 넣고 센 불에서 재빨리 볶아.

4. 다 익으면 참깨를 뿌려 먹어.

가지는 어떻게 자랄까?

가지는 밭에 심어 기르는 한해살이 열매채소야.
햇빛 잘 드는 곳에 심어 두고 물만 잘 주어도 쑥쑥 자라.
여름부터 가을까지 열매를 따 먹을 수 있어. 여름에 먹는 가지는
부드러워서 먹기 좋고, 가을에 먹는 가지는 단단해서 씹는 맛이 그만이지.

1. 씨앗은 노르스름하고 납작해. 모종판에 씨앗을 심고 2주쯤 지나면 싹이 올라와.

주로 모종을 사다가 심어. 좋은 모종은 잎이 반질반질하고, 잎 사이가 촘촘해.

2. 싹이 나고 일주일쯤 더 지나면 줄기가 굵어지고 본잎이 여러 장 나와. 잎이 서너 장 나면 밭에 옮겨 심어.

3. 옮겨 심고 3주쯤 지나면 곁가지가 자라 나와. 이때쯤 버팀대를 세우고 줄을 묶어 줘.

4. 옮겨 심고 한 달 반쯤 지나면 꽃이 피어. 꽃 한 송이에 암술과 수술이 함께 들어 있어서 제꽃가루받이를 해. 그래서 꽃이 핀 자리마다 열매가 열려. 열매는 길쭉하고 끝이 뭉툭해.

호미 아줌마가 들려주는 텃밭! 하나 더 알기

이십팔점박이무당벌레는
감자나 가지, 토마토처럼 가지과 채소들에
자주 나타나는 벌레야. 주로 잎을 갉아 먹지.
처음에는 잎이 그물처럼 되었다가
나중에는 구멍이 뚫려 버려.

⑤ 날씨가 더워지는 7월이면 열매를 맺기 시작해.
꽃이 피고 열흘쯤 지나면 열매를 따 먹을 수 있어.

보리랑 콩콩이랑 가지를 냠냠 쩝쩝

가지는 씹는 맛이 부드러워서 즐겨 먹는 반찬거리야. 주로 쪄서 양념에 무치거나, 볶아 먹어. 찬 성질이 있어서 열이 많은 사람이 먹으면 열을 내려 주지만 몸이 찬 사람은 많이 먹지 않는 게 좋아.

맛있는 가지 나물!

가지를 어떻게 보관할까?
잘 말려 두면 겨울에도 싱싱함을 그대로 맛볼 수 있어. 말린 가지는 물에 살짝 불렸다가 조리거나 볶아 먹어.

세로로 두 조각이나 네 조각으로 자른 다음, 줄에 걸쳐서 말려.

동글납작하게 썬 다음 소금물에 담갔다가 물기를 빼서 말려.

가지는 어디에 좋을까?
가지 열매꼭지나 줄기, 잎, 뿌리를 넣고 삶은 물을 여드름이나 종기가 난 곳, 동상 걸린 데 바르면 좋아.

너무 많이 먹으면 안 돼
가지를 많이 먹으면 목소리가 거칠어져서 고운 목소리를 낼 수 없대. 감기에 걸려 기침을 많이 할 때도 가지를 먹으면 더 심해지지.

 **요리조리 가지피자 만들기**   **재료** 가지, 피자 치즈, 토마토나 토마토케첩

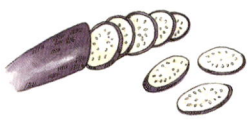
1. 가지를 썰어서 기름을 두르지 말고 프라이팬에 살짝 구워 내.

2. 으깬 토마토나 토마토케첩을 구운 가지 위에 얹어.

3. 얹고 싶은 다른 재료를 더 올리고 맨 위에 피자 치즈를 얹어.

4. 전자레인지나 프라이팬에 살짝 구워 내면 끝!

오이는 어떻게 자랄까?

오이는 밭에 심어 기르는 한해살이 열매채소야.
날씨가 추우면 잘 자라지 못해서 늦서리가 그치고 날씨가 따뜻해지면 심어.
덩굴손이 버팀대를 감고 올라가면서 자라는데, 버팀대만 잘 세워 줘도 기르기가 쉬워. 봄에 심어 놓으면 여름 내내 오이를 맛볼 수 있어.

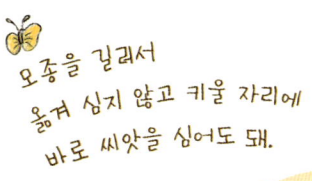
모종을 길러서 옮겨 심지 않고 키울 자리에 바로 씨앗을 심어도 돼.

떡잎 → ← 본잎

1. 씨앗은 갸름하고 노르스름해. 씨앗을 심은 지 일주일쯤 지나면 싹이 나와. 싹이 나고 일주일쯤 더 지나면 떡잎이 점점 벌어지면서 본잎이 나오지.

덩굴손이 버팀대를 타고 올라갈 수 있게 방향을 잡아서 묶어 줘.

덩굴손 →

2. 싹이 나고 2주쯤 지나면 본잎이 서너 장 올라와. 이때쯤 가장 튼튼한 한 그루만 남기고 나머지는 솎아 내.

3. 씨앗을 심은 지 두 달쯤 지나면 덩굴손이 뻗어 나가. 이때쯤 포기 가까이에 버팀대를 꽂아 줘. 덩굴손은 아주 중요한 기관이니까 잘라서는 안 돼.

호미 아줌마가 들려주는 텃밭! 하나 더 알기

가을에 접어들면 별 탈 없이 잘 자라던 오이에 애벌레가 나타나. 잎과 꽃, 줄기, 열매까지 다 파먹어서 구멍이 숭숭 뚫리지. 덩굴이 쪼개지는 병에 걸리기도 해. 처음에는 잎만 조금 마르다가 나중에는 줄기까지 모두 말라 버려서 손쓸 방법이 없어.

❹ 덩굴손이 뻗어 나갈 때쯤이면 잎겨드랑이에서 노란 꽃이 피어. 암꽃과 수꽃이 따로 피고, 암꽃 아래에 씨방이 달려 있어. 암꽃이 꽃가루받이를 하면 씨방이 길게 자라서 열매가 되지.

수꽃 / 씨방 / 암꽃

❺ 꽃이 피고 2주쯤 지나면 열매가 제법 자라서 따 먹을 수 있을 만큼 커져.

❻ 따지 않고 그대로 두면 누렇게 익어. 오래 두어 딴다고 '늙은 오이'라고 해. 속에 하얀 막에 싸인 씨앗이 들어 있어.

보리랑 콩콩이랑 오이를 냠냠 쩝쩝

오이는 물이 많고 시원해서 한여름에 많이 찾는 채소야.
여름에 열리는 오이는 맛도 좋고, 금세 더위를 식혀 주지. 주로 덜 여물었을 때 따서
고추장, 된장에 찍어 날로 먹어. 김치나 오이지를 담가 먹기도 해.

오이는 어디에 좋을까?
햇볕에 그을려 얼굴이 화끈화끈할 때,
오이를 얇게 썰거나 갈아서 얼굴에 올려놓으면
열을 식힐 수 있어. 가벼운 화상을 입었을 때도
오이를 붙이면 시원해.

오래 두고 먹으려면?
오이는 따 온 그때그때 바로 먹어야 하지.
오래 두고 먹으려면 오이소박이김치나
오이지를 담가. 오이지를 담가 먹으면
영양가도 더 많아져.

오이소박이

오이지

오이피클

텃밭에 벌레가 많을 땐?
텃밭에 벌레가 많을 때, 알루미늄 깡통에
오이를 썰어서 넣어 두면 벌레를 쫓을 수 있어.
오이가 깡통에 닿으면 벌레가 싫어하는 냄새를 내뿜거든.

요리조리 오이초밥 만들기
재료 밥, 오이, 소금, 설탕, 식초, 단무지나 시금치 따위

1. 고슬고슬하게 한 밥에 소금, 설탕, 식초로 간을 해. 오이는 얇게 저밀어 줘.

2. 대나무 발에 오이를 세로로 겹쳐 놔. 그 위에 밥을 얇게 깐 다음 넣고 싶은 재료를 올려.

3. 김밥을 말듯이 돌돌 말아서 먹기 좋은 크기로 썰어.

4. 입맛에 따라 고추냉이를 넣은 간장에 찍어 먹어.

둥글둥글 호박

손바닥 같은 잎 아래 둥글둥글 누런 호박
내 머리통보다 더 크네

곧뿌림 하는 때 4월 말
모종하는 때 5월 중순
거두는 때 7월부터

호박은 어떻게 자랄까?

호박은 밭이나 울타리 아래에 심어 기르는 한해살이 열매채소야.
덩굴줄기가 넓게 퍼지기 때문에 그루와 그루 사이를 벌려서 심어.
뻗어 나가는 덩굴줄기를 떼어 내거나 잘라 내지 않고 키워.
덩굴줄기 아래에 짚이나 풀을 깔아 주면 풀도 덜 나고 열매도 상하지 않아.

밭에 씨앗을 심고 손으로 살짝 눌러서
흙과 씨앗이 잘 달라붙게 해 줘.

→ 떡잎

1
씨앗은 하얗고 납작하게 생겼어.
씨앗을 심은 뒤 열흘쯤 지나면 싹이 올라와.
며칠 더 지나면 떡잎이 점점 벌어지기 시작해.

→ 본잎

본잎이 두세 장 나오면
키울 것만 남기고
나머지는 뽑아내.

↑ 잎자루

2
싹이 나고 2주쯤 더 지나면
본잎이 여러 장 나와. 본잎은
잎자루가 길고 손바닥처럼 생겼어.

↑ 덩굴줄기
↙ 덩굴손

3
씨앗을 심은 지 두 달쯤 지나면
덩굴줄기가 눈에 띄게 뻗어 나가고
줄기에서 꽃이 피기 시작하지.

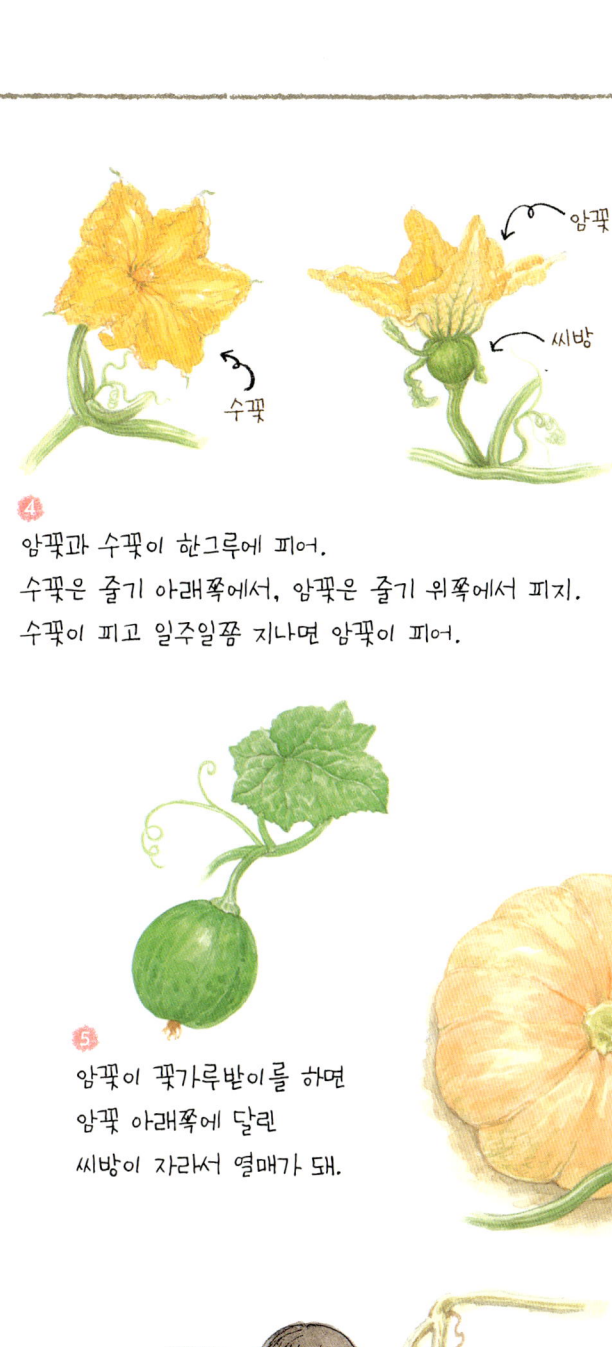

↙ 암꽃
← 씨방
← 수꽃

④ 암꽃과 수꽃이 한그루에 피어.
수꽃은 줄기 아래쪽에서, 암꽃은 줄기 위쪽에서 피지.
수꽃이 피고 일주일쯤 지나면 암꽃이 피어.

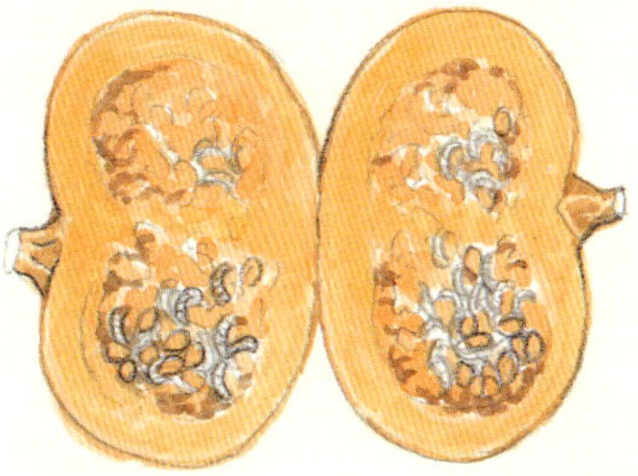

호미 아줌마가 들려주는 텃밭! 하나 더 알기

호박은 벌레한테 큰 피해를 입지 않고 잘 자라.
그런데 딱 하나, 호박과실파리 애벌레가
호박을 못 살게 굴어. 겉으로 보기에는 멀쩡한데,
갈라 보면 속이 다 상해서 벌레가 득실거려.
손으로 눌러 봤을 때, 조금 물렁하다 싶으면
상한 호박일 수 있어.

⑤ 암꽃이 꽃가루받이를 하면
암꽃 아래쪽에 달린
씨방이 자라서 열매가 돼.

⑥ 늦가을이면 열매가
크고 누렇게 익어.
오래 두었다 딴다고
'늙은 호박'이라고 해.

35

보리랑 콩콩이랑 호박을 냠냠 쩝쩝

호박떡

호박은 달짝지근한 맛이 참 좋아. 날로 먹지 않고, 꼭 불에 익혀서 먹지.
어린 호박잎은 쪄서 쌈으로 먹고, 덜 익은 애호박은 식용유에 볶거나 국을 끓여 먹어.

오래 두고 먹을 수 없을까?

오래 두고 먹으려면 말려서 먹어. 늙은 호박으로는 죽이나 떡을 해 먹고 애호박은 반찬을 만들어 먹어.
애호박을 볕에 말려서 요리해 먹으면 영양가가 열 배는 많아져.

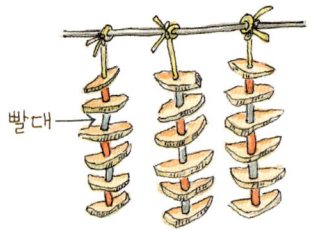
빨대

늙은 호박은 껍질을 벗기고 씨앗을 긁어내.
뭉툭하게 썰어서 줄에 끼워 말리거나 얇고 길게 잘라서 줄에 걸쳐 말려.

애호박은 반달 모양으로 썰어서 말려.

호박찜

호박은 누구한테 좋을까?

호박은 익을수록 당분이 더 많아져.
호박에 든 당분은 소화가 잘되게 해 줘서
위가 약하거나 몸이 아픈 사람이 먹으면 좋아.
몸이 부었을 때, 호박을 먹으면 부기가 가라앉지.

요리조리 호박전 만들기 재료 늙은 호박, 밀가루, 소금

1. 호박 껍질을 벗겨 내고 속에 든 씨앗도 긁어내.

2. 다듬은 호박을 잘게 채 썰어.

3. 채 썬 호박을 밀가루에 넣어 반죽하고 소금으로 간을 해.

4. 팬에 기름을 두르고 부쳐 내.

토마토는 어떻게 자랄까?

토마토는 밭에 심어 기르는 한해살이 열매채소야.
물 빠짐이 좋고, 볕이 잘 드는 밭에 심어. 햇볕을 많이 쬐어야
열매가 달고 맛있게 여물지. 줄기와 잎에는 가는 털이 나 있어.
털에서 나는 독특한 냄새 때문에 벌레들이 잘 안 꼬여.

모종판에 씨앗을 심고
따뜻한 곳에 둬.

1. 씨앗은 노르스름하고 납작하게 생겼어.
씨앗을 심은 지 일주일쯤 지나면 싹이 나와.

모종을 기르는 데 시간이 오래 걸려.
주로 사서 심지. 좋은 모종은
줄기가 굵고, 잎 색깔이 짙어.

← 떡잎
← 본잎

2. 싹이 나고 일주일쯤 더 지나면
떡잎이 벌어지고 본잎이 나와.

3. 싹이 난 지 한 달 넘게 지나면 잎이 대여섯 장 나.
이때쯤 밭에 모종을 옮겨 심어.

호미 아줌마가 들려주는 텃밭! 하나 더 알기

토마토는 줄기가 1미터 넘게 자라. 처음에는 곧게 뻗다가 자랄수록 옆으로 누워서 자라지. 버팀대를 세워서 묶어 줘야 줄기가 꺾이지 않아. 줄기가 크게 자라기 전에 미리 준비를 해 두는 게 좋지.

④ 모종을 옮겨 심고 한 달쯤 지나면 접시처럼 생긴 노란 꽃이 여러 개 피어.

⑤ 꽃이 지면 꽃 뒤쪽에 연둣빛을 띤 동그란 열매가 달려.

⑥ 다 익으면 어린아이 주먹만 해져.

⑦ 꽃이 피고 한 달쯤 지나면 열매를 따 먹을 수 있어.

보리랑 콩콩이랑 토마토를 냠냠 쩝쩝

우리 나라 사람들은 토마토를 과일처럼 날로 먹는 걸 즐겨.
서양 사람들은 새콤달콤한 맛이 좋아서 토마토케첩을 만들어
양념으로 먹지. 토마토를 먹으면 소화가 잘되고 변비에 도움이 돼.
탱글탱글한 토마토처럼 고운 피부결을 만드는 데도 좋지.

토마토케첩을 얹은 오므라이스!

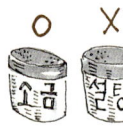 

설탕보다는 소금!
토마토에 설탕을 뿌려 먹으면 설탕 때문에
토마토에 든 비타민 비가 몸에 제대로 흡수되지 못한대.
토마토는 소금과 함께 먹어야 영양소가 몸에 잘 흡수되지.

작아도 영양은 듬뿍
열매가 방울만 하다고 방울토마토야.
크기는 토마토보다 훨씬 작지만
안에 든 영양은 비슷하지.

익혀 먹으면 더 좋아
토마토는 익혀 먹으면 영양소가 몸에 더 잘 흡수돼.
서양 사람들은 토마토를 튀기거나 삶아서 먹기도 해.
껍질 벗긴 토마토를 기름에 볶아
양념을 만들기도 하지.

끓는 물에 잠깐
넣었다 꺼내면
껍질이 잘 벗겨져.

남은 토마토는 어떻게 할까?
토마토는 한철에, 한꺼번에
열매가 많이 달려.
이웃들과 나눠 먹고도
남은 토마토는 데쳐서
냉동실에 넣어 두었다
갈아 먹어.

요리조리 토마토케첩 만들기
재료 토마토, 소금, 식초, 설탕, 흰 후추

1. 토마토를 위쪽만 살짝 잘라서 끓는 물에 넣고 삶아.
2. 껍질을 벗겨 내고 으깨서 뭉글뭉글해질 때까지 끓여.
3. 촘촘한 체에다 걸러 내고 소금, 식초, 설탕, 흰 후추로 간을 해.
4. 약한 불에 살짝 졸인 다음 식혀서 깨끗한 통에 담아 두고 먹어.

딸기는 어떻게 자랄까?

딸기는 밭에 심어 기르는 여러해살이 열매채소야.
줄기가 땅 위를 뻗어 나가면서 계속 뿌리를 내리지.
뻗어 나간 새끼 줄기가 자라서 열매를 맺고, 또 새로운 줄기를 길러 내.
한번 밭을 만들면 계속 새로운 모종을 얻을 수 있어.

❶ 씨앗은 까맣고 점처럼 작아.
모종판에 씨앗을 심고 2주쯤 지나면 뿌리가 나와.
며칠 더 지나면 싹이 올라오지.

텃밭 농사에서는 주로 요만큼 자란 모종을 사다가 심어.

❷ 씨앗을 심은 지 두 달쯤 지나면
뿌리에서 잎이 여러 장 올라와.
이때쯤 밭에 옮겨 심어.

줄기

❸ 겨울을 나고 이듬해 봄에 계속 새로운 줄기를 길러 내.
줄기가 땅에 닿아 뿌리를 내리면
거기서 잎이 나고 새로운 한 포기가 생겨.

호미 아줌마가 들려주는 텃밭! 하나 더 알기

딸기는 기는줄기가 뻗어 나가서 뿌리를 내려.
어미 그루에서 두 번째나 세 번째 자라 나온 새끼 줄기를 잘라서 가을에 모종으로 옮겨 심어.
새끼 그루를 심을 때, 줄기에서 잎이 나오는 생장점이 흙에 파묻히지 않아야 해.

❹ 4~5월이면 줄기 끝에서 하얀 꽃이 피어.
꽃이 지면 꽃받침이 자라서 열매가 돼.
처음에는 연둣빛이던 열매가 다 익으면 빨갛게 되지.
6월이 지나면 더는 열매를 맺지 않아.

씨방이 아닌 다른 부분이 자라서
열매를 맺는다고 딸기를 헛열매라고 해.

꽃이 피고 열매가 달리는 동안은
새로 뻗어 나가는 줄기를 잘라 줘.
그래야 열매가 튼실하게 많이 달려.

보리랑 콩콩이랑 딸기를 냠냠 쩝쩝

딸기는 상큼하고 달콤한 맛이 좋아서 많이들 즐겨 먹어.
과일처럼 날로 먹거나 갈아서 잼을 만들어 먹기도 하지. 요즘에는 철을 가리지 않고
딸기를 먹을 수 있어. 하지만 제철에 먹는 딸기가 맛도 좋고, 영양도 많아.

딸기는 어떻게 먹을까?

딸기는 몸속에 호르몬을 조절하는 기관을 활발하게 움직이게 도와줘. 하루에 예닐곱 개만 먹어도 충분하지. 씻을 때는 물에 담가 놓지 말고, 흐르는 물에 살살 씻어 줘. 물에 30초 넘게 담가 두면 비타민 시가 물에 녹아서 다 빠져나간대.

딸기를 어떻게 보관할까?

딸기는 껍질이 얇고 부드러워서 금세 물러지거나 곰팡이가 생겨. 되도록 빨리 먹어야 하지. 먹고 남은 딸기는 씻어서 얼린 다음 갈아 먹어.

달콤한 꿀

쉽게 만드는 딸기우유

딸기는 우유나 요구르트와 아주 잘 맞는 채소야. 우유에 넣고 갈아서 손쉽게 딸기우유를 만들 수 있지. 단맛을 좋아하면 꿀을 조금 넣어 먹어.

요리조리 딸기우유푸딩 만들기
재료 딸기, 우유나 두유, 젤라틴 가루, 올리고당

1. 딸기를 알맞은 크기로 썰어서 올리고당을 넣고 살짝 졸여.
2. 우유를 불에 올려 데우다가 알맞게 뜨거워지면 젤라틴 가루를 부으면서 저어 줘.
3. 젤라틴을 녹인 우유에 딸기를 넣고 고루 섞어.
4. 냉장실에 넣어 두고 굳으면 꺼내 먹어.

수박은 어떻게 자랄까?

수박은 밭에 심어 기르는 한해살이 열매채소야.
뜨거운 여름 햇볕을 받고 자라는 열대성 작물이지.
더운 날씨에서 잘 자라지만 속에 든 열매살에서는 시원한 맛이 나.
박처럼 생기고, 속에 물이 많다고 해서 '수박'이라는 이름이 붙었어.

1
씨앗은 검정색이야. 둥글납작하고 갸름하게 생겼지.
모종판에 씨앗을 심고 사나흘쯤 지나면 뿌리가 나오기 시작해.
뿌리가 나오고 일주일쯤 더 지나면 싹이 올라와.

2
싹이 나고 며칠 더 지나면 깃털처럼 생긴 본잎이 나와.
본잎이 대여섯 장 나면 밭에 옮겨 심어.

3
밭에 옮겨 심고 일주일쯤 지나면
덩굴줄기가 뻗어 나가기 시작해.
이때쯤 줄기 밑에 짚이나 풀을 깔아 줘.

④ 모종을 심은 지 한 달쯤 지나면
잎겨드랑이에서 노란 꽃이 피어나.
암꽃과 수꽃이 한그루에 피지.
암꽃이 꽃가루받이를 하면
암꽃 아래에 달린 씨방이 커져서
열매가 돼.

호미 아줌마가 들려주는 텃밭! 하나 더 알기

수박은 새끼 줄기에서 열매를 키워야 열매가
더 튼실하게 열려. 어미 줄기에서 자라 나온
새끼 줄기가 서너 개쯤 되면 어미 줄기 끝을
잘라 줘. 그러면 열매 쪽으로 영양분이 많이 가서
맛도 더 좋아져.

⑤ 꽃가루받이를 하고 스무 날쯤 지나면 열매가
크고 둥글어져. 손으로 열매를 두드려서 '통통통' 하고
맑은 소리가 나면 잘 익은 거야.

47

보리랑 콩콩이랑 수박을 냠냠 쩝쩝

수박은 물이 많고 시원해서 더운 여름에 많이 찾는 먹을거리야.
많이 먹어도 우리 몸에 탈을 일으키지 않지. 오줌을 잘 나오게 해서
몸속에 쌓인 찌꺼기를 밖으로 내보내 줘.

수박씨도 몸에 좋아

수박씨를 먹으면 몸속에 사는
기생충을 없앨 수 있고,
소화가 잘돼서 밥맛도 좋아져.

씨를 깨끗이   프라이팬에 기름을   곱게 가루를 내서
씻어서 바짝 말려.   두르지 말고 볶아.   먹어.

속껍질도 몸에 좋아

색깔과 맛이 조금 다를 뿐
수박 속껍질도 붉은 열매살처럼
우리 몸에 좋아. 수박 속껍질은 오래전부터 약으로도 쓰고,
나물로도 먹었어. 무처럼 깍두기를 담가 먹기도 했지.

손질해 둔 속껍질을 냉장고에 넣어 두었다가
더운 날, 얼굴에 붙이면 시원해.

먹고 남은 수박 껍질을   딱딱한 겉껍질과
깨끗이 씻어.   남은 수박 열매살은 벗겨 내.

요리조리 수박화채 만들기   **재료** 수박, 우유, 탄산음료, 얼음, 꿀

수박은 차게 해서 화채나 주스를 만들어 먹으면 맛이 그만이야.
수박을 반 잘라서 속에 든 열매살을 긁어낸 다음 먹기 좋은 크기로 잘라.
수박 통에 우유와 탄산음료, 자른 열매살을 함께 넣고, 얼음도 동동 띄워.
꿀을 넣어서 달달하게 먹어도 좋지. 긁어낸 열매살을 탄산음료와 함께 분쇄기에 넣고 갈아서
주스를 만들 수도 있어. 다른 과일들도 함께 넣어 먹으면 더 맛있지.

참외는 어떻게 자랄까?

참외는 밭에 심어 기르는 한해살이 열매채소야.
볕이 잘 들고 물 빠짐이 좋은 밭에다 심어야 잘 자라.
다 익은 열매는 샛노란 색깔을 띠고, 향긋한 냄새가 나.
참외밭 둘레에만 가도 냄새가 코끝에 스치지.

1
노르스름한 씨앗은 동글납작하고 갸름해.
모종판에 씨앗을 심고 사흘쯤 지나면 싹이 나와.
일주일쯤 더 지나면 떡잎 위로 본잎이 나오기 시작해.

2
씨앗을 심은 지 한 달 넘게 지나면
본잎이 점점 넓어져. 본잎이 두세 장 나오면
밭에 옮겨 심어.

덩굴줄기가 너무 많이 자라면
열매가 튼실하지 못하게 여물어.
큰 줄기 몇 개만 남기고 나머지는 잘라 줘.

3
모종을 옮겨 심고 한 달쯤 지나면
덩굴줄기가 쭉쭉 뻗어 나가. 어미 줄기에서 끊임없이
새끼 줄기가 나오고, 새끼 줄기에서 또 다른 새끼 줄기가 자라 나와.

수꽃
암꽃
씨방
덩굴손 →

④ 덩굴손이 뻗어 나갈 때쯤에 노란 꽃이 피어나.
암꽃과 수꽃이 한그루에 피지.
암꽃이 꽃가루받이를 하면 씨방이 자라서 열매가 돼.

덩굴이 생기지 않은 모종
떡잎이 있고 잎이 반지르르한 모종
작고 통통한 모종

호미 아줌마가 들려주는 텃밭! 하나 더 알기

참외는 옮겨 심는 걸 아주 싫어하는 채소야.
모종을 심어 놓으면 뿌리가 자리를 잡는 데
시간이 아주 오래 걸리지. 텃밭 농사에서는
씨앗을 심어서 모종을 기르기보다는
주로 가게에서 모종을 사다가 심어.

⑤ 꽃이 피고 한 달쯤 지나면 열매를 따 먹을 수 있어.
처음에는 연둣빛을 띠다가 다 익으면 노랗게 돼.

보리랑 콩콩이랑 참외를 냠냠 쩝쩝

참외는 수박과 함께 여름에 먹는 대표 열매채소야.
참외의 '참'은 '썩 좋다'는 뜻이고, '외'는 '오이'를 뜻하는 말이지.
참외를 맛보면 이런 이름이 붙은 까닭을 알 수 있어.
오이처럼 사각사각 씹는 맛이 좋고, 달고 시원해서 '썩 좋은 오이'라고 한 거야.

어떤 게 맛있는 참외일까?
냄새를 맡아 보면 금세 알 수 있지. 맛있는 참외는 겉에서도 달콤한 향이 진하게 나거든. 노란 색깔이 짙고, 사이사이에 난 하얀 골이 투명한 게 좋아.

참외는 어떤 사람한테 좋을까?
참외는 여름철에 더위에 지친 몸을 회복하게 도와줘. 땀을 많이 흘리는 체질인 사람이 먹으면 좋지.

참외꼭지는 체한 데 약으로 쓰기도 했어.

먹다 남은 참외는 어떻게 할까?
썰어서 얼렸다가 꿀을 넣고 갈아 먹어. 더운 날에 시원하게 마시면 아주 그만이지. 단맛이 거의 안 나는 참외도 있어. 이런 참외는 채 썰어서 무치거나 볶아 먹어. 비빔국수를 만들어 먹어도 좋지.

요리조리 참외무침비빔국수 만들기
재료 맛이 없는 참외, 당근, 양배추, 국수, 고추장, 참기름, 참깨

1. 참외를 반 갈라서 속에 든 씨앗을 모두 긁어내.

2. 국수는 삶아서 건져 낸 다음 물을 빼. 참외와 당근, 양배추는 채 썰고 고추장으로 양념해.

3. 국수에 양념한 채소와 참기름, 참깨를 넣고 비벼 먹어.

열매채소 모여라!

잎줄기채소

잎과 줄기를 먹는 채소

파릇파릇
시금치

하얀 눈 속에
파릇파릇 시금치가
바짝 웅크리고 앉아 있네

곧뿌림 하는 때 9월 말
거두는 때 11월부터

시금치는 어떻게 자랄까?

시금치는 밭에 심어 기르는 두해살이 잎줄기채소야. 가을에 씨를 뿌려 겨울을 나는 시금치를 '겨울 시금치'라고 하지. 요즘에는 사철 내내 시금치를 먹을 수 있지만 겨울을 난 시금치가 가장 맛있어. 추위와 눈보라를 이겨 내면 향이 좋아지고 달착지근한 맛이 나거든.

겉이 거친 것만 골라서 심어. 맨질맨질한 건 심어도 싹이 잘 안 나.

1. 씨앗은 빨갛고, 뿔이 두 개 나 있어. 껍질이 두꺼워서 싹이 나오는 데 시간이 오래 걸려. 모종을 키우지 않고 밭에 바로 씨를 뿌려.

떡잎 / 본잎

2. 씨를 뿌리고 열흘쯤 지나면 떡잎이 나오고 며칠 더 지나면 본잎이 나오지. 시금치는 뿌리잎이라 땅에 붙어서 자라.

③ 싹이 나고 한 달쯤 지나면 잎이 점점 넓어져.
겨울 시금치는 봄이나 여름 시금치보다 더디게 자라.

호미 아줌마가 들려주는 텃밭! 하나 더 알기

시금치는 생명력이 강해서 웬만하면
병에 안 걸리고 튼튼하게 잘 자라.
그런데 가끔 잎 끝이 누렇게 되거나
자라다 멈추는 걸 볼 수 있어. 이럴 때는,
밭에다 생선 뼈나 달걀 껍데기,
조개껍데기 따위를 계속 넣어 주면 도움이 돼.

④ 싹이 난 지 두 달쯤 지나면 조금씩 뽑아 먹어.
겨울 동안은 더 자라지 않고 잎이 땅에 바짝 붙어 있어.

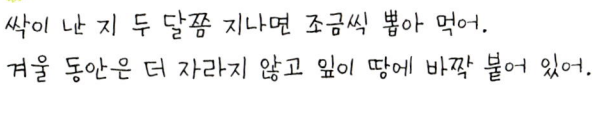

← 몽우리

← 꽃대

⑤ 겨울을 나고 이듬해 봄에 날씨가 따뜻해지면
다시 자라기 시작해. 꽃대도 금세 올라오지.
가을쯤이면 몽우리에서 작고 납작한 씨앗이 여물어.
다 여물면 손으로 비벼서 씨앗을 받아.

보리랑 콩콩이랑 시금치를 냠냠 쩝쩝

시금치는 끓는 물에 살짝 데쳐서 무치거나, 국을 끓여 먹어.
시금치를 많이 먹으면 피가 맑아지고 몸이 튼튼해지지.

시금치죽

뽀빠이처럼 힘이 불끈 솟아날까?
호미 아줌마가 어렸을 때, 〈뽀빠이〉라는 만화영화가 있었어.
주인공인 뽀빠이가 시금치 통조림을 꿀꺽꿀꺽 마시고서
악당을 물리치는 이야기지. 물론 시금치를 먹는다고 해서
뽀빠이처럼 금세 힘이 불끈 솟아나지는 않을 거야.
하지만 그만큼 시금치에 좋은 영양소가 많다는 거지.

시금치무침

시금치를 어떻게 데칠까?
끓는 물에 뿌리부터 담갔다가 얼른 꺼내.
오래 데치면 다 으스러지거나 영양소가 모두 빠져나갈 수 있어.
데친 시금치는 무쳐 먹어.

왜 '시금치'라고 할까?
시금치는 중국에서 들여온 채소야. 중국 말로 '시근치'라고 하는데,
'뿌리가 붉은 채소'라는 뜻이지. '시근치'라는 중국 발음이
'시금치'로 바뀌어서 순우리말처럼 쓰이게 됐어.

뿌리가 붉어.

🍳요리조리 시금치연어샐러드 만들기

재료 시금치, 연어, 토마토, 다진 마늘, 레몬주스, 양파, 올리브유, 소금, 후춧가루

1. 시금치는 잎줄기 부분을 떼어 내고 넓은 잎 부분만 준비해.
2. 토마토는 끓는 물에 살짝 데쳐서 껍질을 벗겨 내.
3. 다진 마늘, 레몬주스, 양파, 올리브유, 소금, 후춧가루를 분쇄기에 넣고 갈아서 샐러드 양념을 만들어.
4. 시금치와 토마토, 연어를 알맞게 버무리고 그 위에 샐러드 양념을 뿌려 먹어.

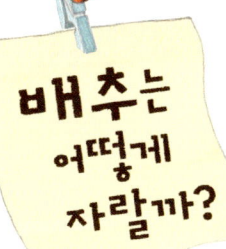

배추는 어떻게 자랄까?

배추는 심어 기르는 두해살이 잎줄기채소야.
우리가 먹는 배추는 뿌리에서 올라온 뿌리잎이야.
서늘한 날씨에 잘 자라서 여름에 씨를 뿌리고
김장철인 늦가을이나 초겨울에 뽑아 먹어.

떡잎 / 본잎

❶ 씨앗은 작고 동그랗게 생겼어. 밭에다 씨앗을 심고 대엿새쯤 지나면 싹이 올라와.
닷새쯤 더 지나면 떡잎 위로 본잎이 나오기 시작해.

이때쯤 다닥다닥 붙어 자라는 포기들을 솎아 내.

❷ 씨앗을 심은 지 한 달쯤 지나면 뿌리잎이 여러 장 나와.

❸ 씨앗을 심고 두 달쯤 지나면 배추통이 차오르기 시작해.
뿌리잎 여러 장이 안쪽 잎을 감싸면서 통이 커지지.
바깥에 있는 잎은 점점 거칠어지고 색깔도 짙어져.

섬서구메뚜기
배추흰나비 애벌레
민달팽이
배추순나방 벌레

호미 아줌마가 들려주는 텃밭! 하나 더 알기

배추는 주로 잎벌레들이 잎을 갉아 먹어.
잎에 구멍이 숭숭 뚫려서 못 먹게 되기도 하지.
잎에 벌레들이 있으면 눈에 보이는 대로 잡아 줘.
같은 자리에 여러 해 동안 이어서 배추 농사를
지으면 벌레들이 더 많이 찾아와. 지난해에 심었던
곳에서 조금 떨어진 곳에 심으면 피해를 덜 입지.

꽃이 지면 씨앗 주머니가 생겨.
씨앗이 다 여물면 누렇게 바뀌지.

⑤ 배추를 뽑지 않고 그대로 두면
시든 채로 겨울을 나. 봄이면 다시
싹이 나고 줄기가 곧게 올라오지.
4월쯤에 꽃대에서 노란 꽃이 피어.

꽃대 →

④
배추는 추위를 잘 견디지만 밤에 갑자기 추워지면 얼어 버리기도 해.
겉을 묶어 놓으면 겉잎이 속잎을 감싸 줘서 배추가 얼지 않아.
씨앗을 심고 세 달쯤 지나면 김장 담그기 좋을 만큼 통이 커져.

63

보리랑 콩콩이랑 배추를 냠냠 쩝쩝

배추는 김치를 담그는 주재료야. 우리 나라 사람들이 가장 많이 먹는 채소지.
국을 끓이거나 전을 부쳐 먹기도 하고, 쌈으로도 먹어.
요즘에는 철을 가리지 않고 속이 찬 통배추를 먹을 수 있지.
하지만 가을에 거두어들인 배추로 담근 김치가 더 달고 맛있어.

어떤 배추로 김장을 담그면 좋을까?
김장 배추는 중간 정도 크기에
단단하고 묵직한 걸로 골라. 겉은 초록이고
속은 노란 게 달큰하고 맛있어.

배추를 어떻게 보관할까?
배추는 물이 많이 들어 있어서 그냥 두면 썩어.
신문지에 싸서 서늘하고 바람이 잘 통하는 곳에
걸어 두면 한두 달은 놓고 먹을 수 있지.
밑동이 아래쪽으로 가게 넣어야 잘 상하지 않아.

씨앗과 뿌리는 어디에 쓸까?
배추 씨앗으로 칼날을
닦으면 칼이 잘 녹슬지 않아.
감기 기운이 있을 때는
뿌리를 달여 먹으면 좋지.

씨앗

뿌리

배추 잎 시래기
말린 무나 배추 잎을
시래기라고 해.
살짝 데치거나 쪄서
줄에 걸쳐 말리지.
시래기는 국을 끓이거나 무쳐 먹어.

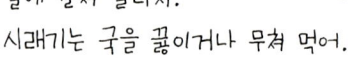

요리조리 김치 이야기

우리 나라는 추운 날씨 탓에 겨울에는 채소를 얻기 어려워. 겨울철에도 채소 반찬을 먹으려고
만든 음식이 바로 김치야. 보통, 음식은 오래 두면 상해서 못 먹게 되는데, 김치는 잘 익으면
더 좋은 맛이 나고 건강에도 좋아. 김치가 익으면서 생긴 유산균이 장을 튼튼하게 해 주거든.
잘 익은 김치는 시원해서 입맛을 돋워 주지.

대파는 어떻게 자랄까?

파는 밭에 심어 기르는 여러해살이 잎줄기채소야.
뿌리 쪽에 가까운 하얀 비늘줄기와 곧게 자라는 파란 잎을 먹지.
계절을 크게 가리지 않고 심어 기를 수 있어. 아무 데서나
잘 자라지만 물 빠짐이 좋지 않은 땅에서 키우면 짓물러지기도 해.

30센티미터 넘게 자라면 옮겨 심어.

① 씨앗은 작고 동그란데 조금 모가 나 있어.
밭에다 씨앗을 뿌려서 모종을 키워.
씨앗을 심고 네댓새 지나면 싹이 올라와.

← 잎

② 씨앗을 심은 지 두 달쯤 지나면 잎이 굵어지고, 키도 많이 자라.
잎은 둥근 기둥 모양이야. 잘라 보면 속이 비어 있지.
웬만큼 자라면 조금씩 뜯어 먹어.

③ 가을까지 파를 다 뽑지 않고
그냥 두면 잎이 시든 채로 겨울을 나.
하지만 땅속에 있는 뿌리는
그대로 살아 있어.

← 뿌리

줄기를 떼어 내서
옮겨 심을 때,
떼어 낸 줄기마다
뿌리가 달려 있어야 해.

호미 아줌마가 들려주는 텃밭! 하나 더 알기

파는 스스로 뿌리를 키워서 그 수를 늘려.
심은 지 오래된 파를 뽑아 보면 줄기 여러 개가
한뿌리에서 올라와 있어. 줄기를 하나씩 떼어 내서
옮겨 심으면 새로운 파를 기를 수 있지. 봄가을마다
옮겨 심으면 일 년 내내 파를 길러 먹을 수 있어.

씨앗을 받을 게 아니라면,
꽃을 따 주어야
파가 튼튼하게 자라.

④ 봄이면 시들었던 잎에서
싹이 올라와. 줄기 끝에서
하얗고 자잘한 꽃도 피어.
봄에 자라는 파는
향기가 남다르지.

← 비늘줄기

⑤ 꽃이 지면 까만 씨앗이
튀어나와. 꽃망울이
갈색으로 바뀌기 시작하면
꽃을 따서 말린 다음
손으로 비벼서 씨앗을 받아.

뿌리가 달린 비늘줄기를
화분에 심어 놓으면
잎이 자라 나와.
잎을 잘라서 먹어도
몇 번은 더 자라 나오지.

보리랑 콩콩이랑 대파를 냠냠 쩝쩝

파는 독특한 냄새가 좋아서 온갖 음식에 양념으로 쓰여.
다른 재료가 더 좋은 맛을 내는 데 도움을 주지. 고기나 생선 요리에 넣으면
누린내나 비린내가 안 나. 국을 끓일 때 넣으면 개운해서 입맛을 돋우지.

파는 어디에 좋을까?
옛날부터 몸살감기에 걸리거나,
배, 머리가 아플 때,
파 뿌리와 생강, 대추를 넣고
푹 끓인 물을 약으로 마셨어.

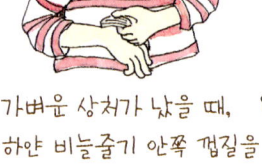

가벼운 상처가 났을 때,
하얀 비늘줄기 안쪽 껍질을
잘라서 붙이면 피가 멎는대.

왜 미역국에 파를 안 넣을까?
미역국에 파를 넣으면,
파 향이 강해서
미역의 독특한 맛이 잘 안 나.
또 미역을 파랑 함께 먹으면
미역에 든 칼슘을
제대로 흡수하지 못하지.

쪽파로는 무얼 할까?
쪽파는 대파와 맛과 향이 비슷해.
하지만 대파보다 잎이 가늘어서 한입에 먹기 좋아.
주로 김치를 담가 먹거나 전을 부쳐 먹어.

쪽파김치   쪽파

요리조리 파달걀말이 만들기
재료 달걀, 파, 당근, 양파, 소금, 후추, 기름

1. 달걀에 잘게 다진 파와 당근, 양파를 넣고 소금과 후추로 간을 한 다음 잘 섞어 줘.

2. 달군 프라이팬에 기름을 두르고 달걀을 얇게 펼쳐. 반 넘게 익으면 달걀을 끝에서부터 접듯이 말아.

3. 달걀말이를 꺼내서 먹기 좋게 잘라.

4. 파가 들어간 영양 만점 달걀말이 완성!

나풀나풀 상추 잎
쭈글쭈글해도 만져 보면 부드럽지

쭈글쭈글 상추

곧뿌림 하는 때 3월 말
모종하는 때 4월 말
거두는 때 5월 중순

상추는 어떻게 자랄까?

상추는 심어 기르는 한해살이 잎줄기채소야.
병에 걸리거나 벌레가 많이 꼬이지 않고, 물만 주어도 잘 자라서
누구나 기르기 쉽지. 서늘한 날씨에서 잘 자라기 때문에
우리 나라에서는 봄가을에 기르기 좋아.

키울 자리에 바로 씨를 뿌려.

1. 씨앗은 회색빛이야. 작고 뾰족하게 생겼어.
씨앗을 뿌리고 일주일쯤 지나면 싹이 올라와.

떡잎
본잎

2. 싹이 나고 열흘쯤 더 지나면 떡잎 사이로
본잎이 올라와. 본잎은 쭈글쭈글 주름이 져 있어.

다른 채소는 주로
본잎이 올라올 때 솎아 내지만
상추는 이만큼 자라면 솎아 내.

3. 싹이 난 지 한 달 넘게 지나면 잎이 여러 장 나와.
이때부터 줄기가 올라오기 전까지 그때그때 뜯어 먹어.

줄기

4. 봄에 씨앗을 뿌리면 6월쯤에 줄기가 올라와.
이때쯤이면 잎이 뻣뻣해져서 먹기 안 좋아.

꽃대

⑤
7월쯤에 꽃대 끝에서
노란색 작은 꽃이 피어. 꽃이 지면
그 안에 씨앗이 여물지.

호미 아줌마가 들려주는 텃밭! 하나 더 알기

상추를 포기째 거두지 않고 한 잎씩 뜯어 먹을 때는
바깥쪽에 난 잎부터 뜯어. 또 줄기가 조금씩
올라오기 시작하면 줄기 아래쪽에 붙은 잎부터
줄기에 바짝 따 줘. 잎을 자주 뜯어 주지 않으면
꽃대가 더 빨리 올라와. 꽃대가 올라오면
더는 잎을 먹을 수가 없어.

보리랑 콩콩이랑 상추를 냠냠 쩝쩝

상추는 깻잎과 함께 우리 밥상에 오르는 대표 쌈 채소야.
주로 익히지 않고 밥에 된장이나 고추장을 곁들여서 싸 먹어.
상추에는 철분이 많이 들어 있어서 몸속 피를 맑게 해 줘.

왜 상추를 먹으면 졸릴까?

상추 잎이나 줄기를 자르면 하얀 즙이 나와.
이 즙에 잠이 오게 하는 약효가 들어 있어.
그래서 상추를 먹으면 잠깐 동안 졸음이 쏟아지지.
하지만 잠이 깨고 나면 머리가 맑아져.

반짝반짝 하얀 이

상추 잎과 뿌리를 잘 말린 다음
가루를 내서 이를 닦아 봐.
보리랑 콩콩이처럼 하얀 이를 갖게 될 거야.

왜 장독대 둘레에 상추를 심었을까?

뱀은 허물 벗을 때가 되면 소금기가 많은 땅을 찾아.
장 냄새를 맡고 장독대 가까이에 뱀이 자주 모여들지.
우리 조상들은 뱀을 쫓으려고 장독대 둘레에
상추를 심었어. 뱀이 상추를 가까이 하면
눈이 먼다는 이야기가 있거든.
신기하게도 상추 밭에서는 뱀을 거의 볼 수 없지.

요리조리 상추겉절이 만들기

재료 상추, 양파, 양념장(고춧가루, 조선간장, 매실청, 다진 마늘, 파, 까나리 액젓, 참기름, 참깨)

1. 상추를 먹기 좋은 크기로 잘게 뜯어 놓고, 양파는 채 썰어.

2. 나머지 재료들을 알맞게 섞어서 양념장을 만들어.

3. 상추에 양념장을 넣고 살살 버무려.

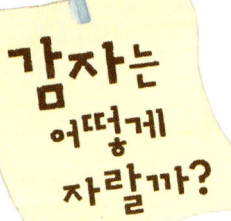

감자는 어떻게 자랄까?

감자는 밭에 심어 기르는 한해살이풀이야.
우리가 먹는 감자는 뿌리가 아니고 땅속에서 자라는 덩이줄기지.
서늘한 날씨에 잘 자라서 이른 봄에 심어 장마가 시작되기 전에
거두어들여. 장마가 지난 다음에 캔 감자는 물이 많아서 잘 썩거든.

끓는 물에 소독한 칼을 써.
그래야 감자가 병에 걸리거나 썩지 않아.
자를 때 다치지 않게 조심!

→ 감자눈

❶ 씨로 쓸 감자를 크기에 따라 두 조각이나 네 조각으로 잘라.
자른 조각마다 감자눈이 들어 있어야 싹이 나와.
자른 씨감자를 서늘한 곳에서 사나흘 동안 말려.

감자눈에서 싹이 나와.

❷ 잘린 쪽이 아래로 가도록 밭에 바로 심어.
심은 지 한 달쯤 지나면 싹이 올라와.

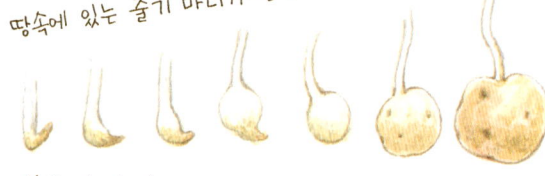

땅속에 있는 줄기 마디가 점점 커져서 덩이줄기가 돼.

심은 지 석 달쯤 지나면 뽑아 먹을 수 있을 만큼 자라.

줄기 →

덩이줄기
← 감자알

❸ 싹이 나고 두 주쯤 더 지나면 줄기가 크게 자라.
땅속 덩이줄기에는 감자알이 달리기 시작해.

호미 아줌마가 들려주는 텃밭! 하나 더 알기

땅속 얕은 곳에 열린 감자는 크기가 커지면서 땅 위로 나오기도 해. 감자는 햇볕을 받으면 파랗게 바뀌어. 파란 감자를 먹으면 배탈이 날 수도 있지. 감자알이 굵어지기 시작하면 흙을 끌어 올려 줘. 그래야 감자알이 햇볕을 안 보고 흙 속에서 잘 자라.

④
심은 지 두 달이 지나면 줄기 위쪽에 꽃이 피어.
그대로 두면 영양분이 꽃으로 가 버려서 알이 작게 여물어.
꽃을 모두 따 주어야 감자알이 굵어지지.

속이 하얀 수미감자는 흰 꽃이 피고,
붉은빛이 도는 자주감자는 자주색 꽃이 피어.

보리랑 콩콩이랑 감자를 냠냠 쩝쩝

감자는 쌀이 귀했던 때에 밥 대신에 많이 먹던 작물이야.
쌀에 든 영양소와 같은 영양소를 가지고 있는 데다, 기름지지 않은 땅에서도
쉽게 자라거든. 요즘에는 조리거나 볶아서 온갖 반찬을 만들어 먹어.

구운 감자

삶아도 영양이 그대로!
감자는 삶아도 영양소가
많이 파괴되지 않아.
껍질을 벗기지 않고 삶으면
영양소가 덜 빠져나가서 더 좋지.

감자는 어디에 좋을까?
햇빛에 얼굴을 그을렸을 때
감자를 갈아서 얼굴에 얹으면 시원해.
가벼운 화상을 입었을 때
응급 처치로 감자를 발라 주기도 한대.

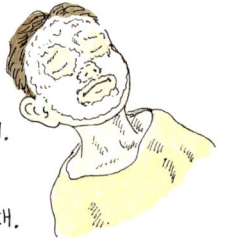

파란색에 싹이 난 감자는 어떻게 할까?
갈무리한 감자는 꼭 햇빛이 들지 않는 곳에 두어야 해.
햇빛을 보면 색깔이 파랗게 바뀌거든.
파랗게 바뀌거나 싹이 난 감자에는 독이 들어 있어.
이 부분은 꼭 도려내고 먹어야 돼.

사과 O   양파 X

감자를 어떻게 보관할까?
감자는 상자에 담아서 물기가 없고 바람이 잘 통하는 곳에 보관해.
사과와 함께 넣어 두면 싹이 나는 것을 막을 수 있어.
하지만 양파와 함께 보관하면 양파와 감자, 둘 다 상해 버려.

요리조리 감자전 만들기   재료 감자, 소금, 후추, 기름

1. 껍질을 벗겨 낸 감자를 강판에 대고 갈아. 물이 생기면 망에다 대고 물을 따라 내.

2. 소금과 후추를 넣어서 간을 하고, 팬에 기름을 둘러서 먹기 좋은 크기로 부쳐 내.

3. 입맛에 따라 바짝 익히거나 조금 쫀득하게 부쳐서 간장에 찍어 먹어.

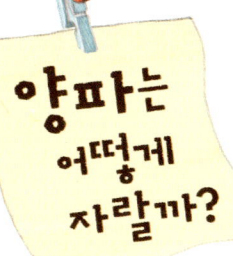

양파는 어떻게 자랄까?

양파는 밭이나 논에 심어 기르는 두해살이 채소야. 가을에 심고 이듬해 늦봄에 거두어들이지. 우리가 먹는 양파는 땅속 비늘줄기야. 양파는 열매가 아닌 뿌리 쪽에 영양소를 저장해. 햇빛을 많이 받아야 땅속에 알이 더 굵어지지. 되도록 해가 잘 드는 밭에 심는 게 좋아.

밭에 바로 씨앗을 뿌려서 모종을 키워.

1 씨앗은 검정색이고 겉에 조금 모가 나 있어. 씨앗을 뿌리고 대엿새가 지나면 싹이 올라와.

← 줄기

2 싹이 나고 2주쯤 지나면 줄기가 꼿꼿하게 자라기 시작해.

땅이 얼기 시작하면 더는 자라지 않아. 잎 끝이 말라서 누렇게 돼 버리지. 겨울 동안은 땅에 바짝 엎드려 있어.

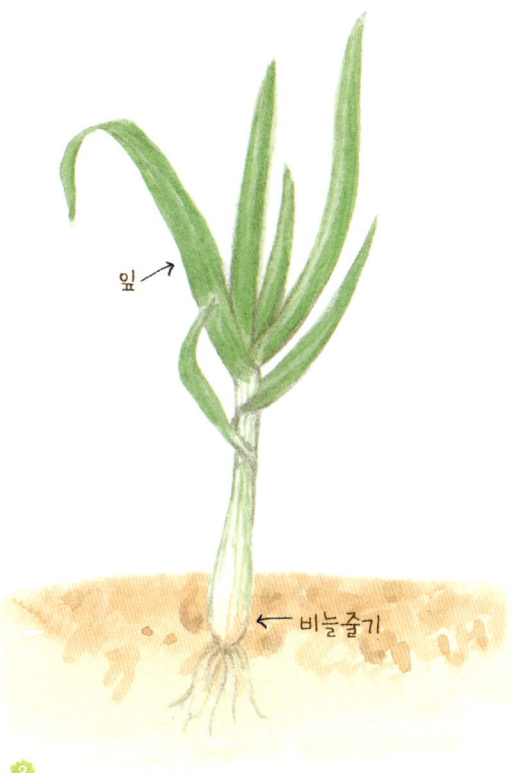

잎 →

← 비늘줄기

3 씨를 뿌리고 한 달 반쯤 지나면 옮겨 심어. 비늘줄기가 굵어지기 전이라 꼭 파처럼 생겼어.

여름까지 뽑지 않고 그대로 두면 꽃대가 길게 올라와. 꽃대 끝에서 둥글게 무더기로 꽃이 피어.

꽃대 →

호미 아줌마가 들려주는 텃밭! 하나 더 알기

양파는 가을에 씨를 뿌려서 겨울을 나고, 이듬해 봄까지 밭에 머물러. 자라는 기간이 길어서 옮겨 심기 전에 밭에 거름을 많이 넣어 줘야 해. 옮겨 심고 나서 깻묵이나 짚을 덮어 주면 추위를 더 잘 견딜 수 있어.

④ 이듬해 봄에 날씨가 따뜻해지면 다시 싹이 나기 시작해. 5월이면 비늘줄기 알이 점점 커져서 땅 위로 올라와.

양파는 거둘 때가 되면 저절로 줄기가 쓰러져.

비늘줄기

← 뿌리

보리랑 콩콩이랑 양파를 냠냠 쩝쩝

양파는 매운맛이 많이 나서 온갖 음식에 양념으로 쓰여.
고기나 생선 요리를 할 때 넣으면 누린내나 비린내를 없애 주지.
양파를 먹으면 피가 맑아지고, 몸속에 쌓인 찌꺼기도 밖으로 빠져나간대.

양파를 까면 눈물이 줄줄!
양파는 톡 쏘는 향이 아주 강해서 까기만 해도
눈에서 눈물이 줄줄 흘러. 보리는 파를 입에 물고,
콩콩이는 물안경을 쓰기도 하지.

양파를 어떻게 보관할까?
양파는 줄기를 잘라 내고
망에 넣어서 바람이 잘 통하는
곳에 걸어 둬. 물기가 많은 곳에
두면 뿌리와 싹이 돋아나서
맛이 떨어지거든.

껍질도 쓸모 있어
양파 껍질은 깨끗이 씻어서 차를
끓여 마셔. 또 멸치나 다시마 넣고
국물을 낼 때 함께 넣으면
비린내가 안 나고 국물 맛이 더 좋아.

아삭아삭 새콤새콤 양파장아찌
양파로 장아찌를 만들어 두면
든든한 밑반찬이 되지.
아삭아삭 씹히면서 새콤한
양파 고유의 맛을 그대로 느낄 수 있어.

요리조리 양파튀김 만들기   재료 양파, 달걀, 소금, 후추, 밀가루, 빵가루, 기름

1. 껍질을 깐 양파를 동그란 모양이 나오게 통째 썰어.
   겉에 있는 것부터 따로따로 다 떼어 내.
2. 달걀을 풀고 소금, 후추로 간을 해.
3. 양파에 밀가루를 묻힌 다음 달걀에 적셔.
4. 빵가루를 입혀서 프라이팬에 기름을 넉넉히 두르고 튀겨.
   노릇노릇하게 익으면 꺼내.

🐞 잎줄기채소 모여라!

뿌리채소

뿌리나 땅속줄기를 먹는 채소

무는 어떻게 자랄까?

무는 뿌리와 잎을 먹으려고 심어 기르는 두해살이 채소야.
서늘한 날씨에 잘 자라서 더위가 한풀 꺾인 늦여름에 씨를 뿌리지.
김장할 때쯤인 늦가을이면 무를 뽑아 먹을 수 있어. 김장 담글 때
뽑는다고 가을무나 김장무라고 하지. 다 자란 무 뿌리는 하얗고 통통해.

1
씨앗은 불그스름하고 조금 모가 나 있어.
키울 자리에 바로 씨앗을 뿌려.
씨앗을 심은 지 일주일이 채 되기 전에 싹이 올라와.

이때까지 두세 번에 걸쳐 솎아 내.

본잎 / 떡잎 / 뿌리

2
씨앗을 심은 지 한 달 넘게 지나면
깃털처럼 생긴 본잎이 너댓 장 나오고
뿌리가 굵어지기 시작해.

잎이 옆으로 활짝 펴지고
땅 위로 뿌리가 쑥 올라오면 거두어들여.

3
씨앗을 심고 두 달 넘게 지나면
뿌리가 굵고 통통해지지. 날씨가 추워지면
뿌리에 물과 영양을 가득 저장하거든.

꽃이 지면
씨앗 주머니가 생기고
씨앗이 여물어.

← 꽃대

호미 아줌마가 들려주는 텃밭! 하나 더 알기

발이 세 개 달린, 신기하게 생긴 무야.
무밭에 돌이 많으면 무가 곧게 자라지 못하고
갈라져서 이렇게 돼. 밭을 갈 때
돌을 잘 골라내야 무가 고르게 자라.

④ 가을에 무를 뽑지 않고 그대로 두면
시든 채로 겨울을 나고 이듬해 봄에 다시 싹이 올라와.
날씨가 더 따뜻해지면 꽃대가 길게 자라고
흰빛과 보랏빛을 띠는 꽃이 피어.

87

보리랑 콩콩이랑 무를 냠냠 쩝쩝

무는 시원하고 아삭아삭 씹는 맛이 좋아서 사람들이 즐겨 먹어. 배추와 함께 김장 재료로 많이 쓰지. 무는 밭에서 나는 산삼이라 할 만큼 몸에 좋아. 소화가 잘되게 해 주고, 몸속 독을 풀어 주는 일도 하거든.

뿌리도 먹고 잎도 먹고!
무는 뿌리와 잎을 모두 먹을 수 있어. 날로 먹기도 하고, 익혀서도 먹지. 뿌리는 날로 먹으면 과일처럼 달큰하고 시원해.

시래기 만들기

말린 무 잎을 시래기라고 해. 시래기는 오래 두고 먹을 수 있지. 국을 끓이거나 삶아서 무쳐 먹어.

무말랭이 만들기
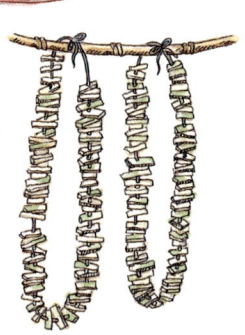
무를 채 썰어서 실에 하나씩 꿰어. 바람이 잘 통하는 곳에 걸어 두고 꼬들꼬들하게 말리면 무말랭이가 돼. 주로 무쳐서 먹어.

통째 보관하기
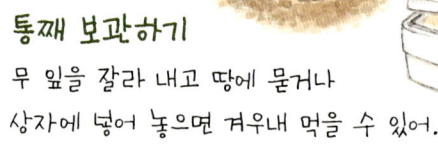
무 잎을 잘라 내고 땅에 묻거나 상자에 넣어 놓으면 겨우내 먹을 수 있어.

요리조리 무전 만들기
재료 무, 다진 마늘, 다진 생강, 밀가루, 기름

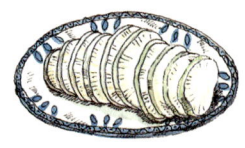   

1. 알맞은 두께로 썰어 놓은 무에 다진 마늘과 생강을 발라.
2. 썰어 놓은 무에 밀가루 반죽을 묻혀.
3. 프라이팬에 기름을 넉넉히 두르고 무를 지져 내.
4. 입맛에 따라 간장에 찍어 먹어.

당근은 어떻게 자랄까?

당근은 심어 기르는 두해살이 뿌리채소야. 색이 붉다고 빨간무나 홍당무라고도 해. 봄에 심는 건 봄당근, 여름에 심어서 가을부터 거두어들이는 건 가을당근이야. 가을당근이 더 기르기 쉽고, 맛이 좋아. 추위를 견디려고 뿌리에 영양분을 많이 저장하거든.

햇빛을 못 받으면 싹을 틔우지 못하니까 씨앗을 심은 뒤 흙을 얇게 덮어 줘.

❶ 씨앗은 엷은 회색빛을 띠고 세로줄이 거칠게 나 있어. 모종을 옮겨 심으면 잔뿌리가 많이 생겨서 밭에 바로 씨앗을 뿌려. 씨앗을 심고 열흘쯤 지나면 싹이 올라와.

본잎

떡잎

이때쯤 촘촘하게 난 싹을 솎아 내. 당근은 잘 솎아 내야 뿌리가 튼실하게 자라.

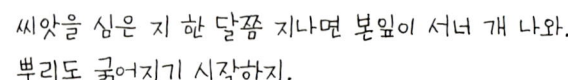

← 뿌리

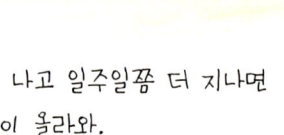

❷ 싹이 나고 일주일쯤 더 지나면 본잎이 올라와.

❸ 씨앗을 심은 지 한 달쯤 지나면 본잎이 서너 개 나와. 뿌리도 굵어지기 시작하지.

호미 아줌마가 들려주는 텃밭! 하나 더 알기

당근은 자라면서 뿌리가 흙 위로 올라와. 뿌리 부분이 햇볕을 보면 색깔이 짙게 바뀌어. 잘 살펴보고 흙을 덮어 줘. 뿌리와 잎이 나누어지는 부분이 떡 벌어지면 거두어들여.

여기가 벌어지면 거두어들여.

④ 심은 지 석 달이 지나면 잎이 아래로 처지기 시작해. 이때쯤이면 뽑아 먹을 수 있어.

⑤ 가을에 당근을 뽑지 않고 그대로 두면 시든 채로 겨울을 나. 이듬해 봄이면 줄기가 올라오지. 7~8월에 줄기 끝에서 자잘한 흰 꽃들이 모여서 피어나. 가을이면 꽃이 지고 씨앗이 영글어.

← 줄기

보리랑 콩콩이랑 당근을 냠냠 쩝쩝

당근은 색깔이 곱고, 향이 좋아서 여러 음식들에 넣어 먹어.
날로 먹으면 달콤하고 씹는 맛이 좋고, 기름에 볶아 먹으면 영양소가 더 잘 흡수돼.
갈아서 주스나 죽을 만들어 먹기도 해.

당근죽

당근은 어디에 좋을까?
어릴 때부터 먹으면
눈과 빈혈에 좋아서
어린 아기들 이유식에 많이 넣어.
밤에 눈이 잘 안 보이는 사람도,
당근을 꾸준히 먹으면
더 나빠지는 걸 막을 수 있지.

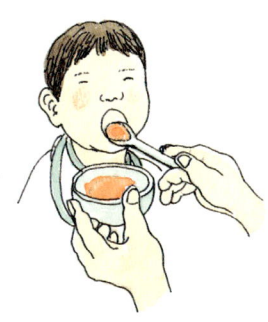

뿌리도 먹고 줄기도 먹고
뿌리는 색깔이 고르고,
겉이 매끈한 게 좋아.
끝이 가늘수록 속이 부드러워.
줄기와 잎은 튀기거나
날로 먹으면 향이 아주 좋지.

어떤 채소와 함께 먹을까?
사과, 토마토를 썰어서 함께 갈면
맛있는 당근주스를 만들 수 있지.
당근에는 비타민 시를 없애는 성분이 있어.
비타민 시가 많이 든 오이 같은 채소와는
함께 먹지 않는 게 좋아.

당근을 어떻게 보관할까?
껍질을 깐 당근은 봉투에 넣어서
꼭 묶어. 흙이 묻어 있는 당근은
그대로 신문지에 싸서 보관해.

🍳 요리조리 당근핫케이크 만들기
재료 당근, 핫케이크가루, 우유, 달걀, 설탕, 기름, 꿀

1. 당근 껍질을 벗겨 내고 강판에 갈아.

2. 갈은 당근에 핫케이크가루, 우유, 달걀, 설탕을 넣고 반죽해.

3. 기름을 두른 팬에 핫케이크 반죽을 붓고 고루 펴 줘.

4. 노릇노릇 익으면 먹기 좋게 잘라서 꿀을 발라 먹어.

고구마는 어떻게 자랄까?

고구마는 밭에 심어 기르는 한해살이 작물이야. 줄기가 땅 위를 기면서 뻗어 나가고, 줄기 아래쪽에 뿌리를 내리지. 뿌리가 덩이처럼 굵어진다고 덩이뿌리라고 해. 덩이뿌리가 자라면 우리가 먹는 고구마가 돼. 고구마는 순을 잘라서 심어야 덩이가 굵게 열려.

고구마는 씨앗을 심지 않고 싹이 돋아 있는 고구마를 통째 밭에 심어.

← 고구마 순

← 줄기
← 뿌리

❶ 고구마를 심고 한 달 넘게 지나면 줄기가 한 뼘쯤 자라 나와. 잎이 여섯 장쯤 달려 있는 줄기를 잘라서 밭에다 옮겨 심어. 이걸 '고구마 순 낸다'고 해.

❷ 순을 내고 2주쯤 지나면 땅속에 묻힌 줄기에서 뿌리가 자라 나와. 땅 위쪽 줄기는 길게 뻗어 나가기 시작하지.

❸ 모종을 심은 지 3주쯤 지나면 땅속에 뿌리가 여러 가닥 생겨. 이 가운데 몇 가닥이 굵어져서 우리가 먹는 고구마가 돼.

한여름에 꼭 나팔꽃처럼 생긴 꽃이 피기도 해. 하지만 자주 피지 않고, 핀다 해도 하루만에 져 버려서 흔히 보기는 어려워.

④ 오종을 심은 지 두 달쯤 지나면 덩이뿌리가 제법 굵어져.

호미 아줌마가 들려주는 텃밭! 하나 더 알기

고구마를 캘 때는 땅 위에 무성하게 자란 줄기를 모두 걷어 내고 손으로 흙을 더듬으면서 조심조심 캐. 호미로 마구 찍으면서 고구마를 캐면 상처가 나. 상처 난 고구마는 금세 상해.

⑤ 7월 끝 무렵부터 하루가 다르게 알이 굵어져. 잎이 누렇게 바뀌면 서리 내리기 전에 고구마를 캐. 서리를 맞으면 고구마가 썩어서 못 먹게 돼.

굵은 뿌리는 조금 굵어지다가 더는 자라지 못해.

가는 뿌리는 더 이상 커지지 않는 뿌리야.

덩이뿌리는 계속 굵어져서 고구마가 되는 뿌리야.

보리랑 콩콩이랑 고구마를 냠냠 쩝쩝

옛날에는 곡식이 모자라서 밥 대신 고구마나 감자를 많이 먹었어. 요즘에는 그보다는 맛이 좋아서 즐겨 먹지. 찌거나 구워 먹기도 하고, 여러 가지 음식도 만들어 먹어. 여린 잎줄기랑 잎은 나물로 먹지.

달콤한 고구마맛탕!

고구마랑 찰떡궁합

삶은 고구마에 김치를 얹어서 먹어 봐. 시원한 김치 맛과 달콤한 고구마 맛이 아주 잘 어울려. 고구마가 김치에 든 짠 성분을 몸 밖으로 나가게 해 주니까, 더 좋지. 고구마를 먹으면 배에 가스가 차고 설사가 나기도 해. 사과와 함께 먹으면 이런 부작용을 줄일 수 있어.

잎은 어떻게 먹을까?

부드러운 잎줄기는 잎을 떼어 내고, 겉을 감싸고 있는 얇은 껍질도 벗겨 내. 소금에 절여서 양념에 버무리거나, 볶아 먹어.

고구마를 어떻게 보관할까?

고구마는 물기가 생기면 금세 썩어 버려. 마른 종이 상자에 차곡차곡 담아 놓으면 오래 두고 먹을 수 있어. 상처 난 게 있으면 옆에 있는 것까지 모두 썩어 버리니까 잘 살펴보면서 담아야 해.

요리조리 고구마김치그라탕 만들기

재료 고구마, 김치, 양파, 기름, 포도씨유, 피자 치즈(입맛에 따라 햄이나 새우 따위를 넣어.)

1. 고구마는 삶아서 으깨.

2. 김치, 양파 따위를 다져서 프라이팬에 기름을 두르고 볶아.

3. 그릇에 포도씨유를 바르고 으깬 고구마와 볶은 재료들을 담고 피자 치즈를 얹어.

4. 오븐이나 전자레인지에 넣고 돌려서 치즈가 녹으면 완성!

생강은 어떻게 자랄까?

생강은 뿌리줄기를 먹으려고 심어 기르는 여러해살이풀이야. 더운 나라에서는 여러 해 동안 자라지만 우리 나라에서는 겨울을 나지 못하기 때문에 해마다 새로 심어. 주로 따뜻하고 비가 많은 남쪽 고장에서 많이 기르지. 봄에 심어 놓으면 가을까지 오랫동안 자라야 뿌리줄기가 굵어져.

더위에 강하지만, 그늘지고 물기가 많은 땅에 심어야 잘 자라.

생강눈이야. 싹이 나오는 곳이지.

1 생강을 네다섯 조각으로 잘라서 싹이 난 곳이 위쪽을 향하게 심어. 자른 조각마다 생강눈이 서너 개는 있어야 해.

2 날씨가 더워지기 전까지는 무척 더디게 자라. 심고 나서 한 달은 넘게 기다려야 싹이 올라와. 새싹은 손으로 건드리면 톡 부러지니까 조심해야 해.

3 심은 지 세 달쯤 지나면 줄기가 곧게 올라오고 끝이 뾰족한 잎이 여러 장 뻗어 나가. 꼭 대나무 잎처럼 생겼어.

4 심은 지 다섯 달쯤 지나면 줄기가 30센티미터 넘게 자라.

호미 아줌마가 들려주는 텃밭! 하나 더 알기

생강은 큰 병에 걸리거나 벌레가 들끓지는 않지만
자꾸자꾸 돋아나는 풀 때문에 애를 먹어.
생강 싹이 막 올라오기 시작할 때, 밭에
베어 낸 풀이나 짚을 두텁게 덮어 주면 좋아.
땅을 촉촉하게 유지해 주고,
풀이 무성하게 나는 것도 막아 주거든.

❺ 가을쯤이면 다 자라서
줄기가 50~60센티미터는 돼.
잎 가장자리부터 누렇게
마르기 시작하면 거두어들여.

우리가 먹는 생강 뿌리줄기야.
색깔이 누렇고 울퉁불퉁해.

보리랑 콩콩이랑 생강을 냠냠 쩝쩝

생강은 톡 쏘는 듯한 맵고 강한 향이 나서 양념으로 많이 쓰여.
김치를 담글 때 주로 넣지. 과자를 만들거나 달여 먹기도 해.
생선이나 고기로 음식을 만들 때, 생강을 넣으면 비린내와 식중독균을 없애 줘.

한겨울 감기에는 생강차!

생강은 따뜻한 성질을 가지고 있어.
기침이나 감기몸살, 목 통증을 누그러뜨려 주지.
그런데 맵고 강한 향 때문에 그냥은 먹기가 참 힘들어.
생강차로 만들면 더 맛있게 먹을 수 있지.

생강차는 어떻게 만들까?

생강과 대추를 씻어서 물기가 없게 잘 말려.
생강과 대추를 잘게 채 썰어서 설탕과 섞고,
끓는 물에 소독해서 말려 놓은 유리병에 넣어 둬.
설탕이 다 녹으면 뜨거운 물에 타서 마셔.

설탕

생강과 대추를 채 썬 양과
똑같은 양의 설탕을 넣어.

생강은 모든 사람한테 좋을까?

몸이 찬 사람한테는 좋지만,
몸에 열이 많거나
피부병이 있는 사람은
많이 먹지 않는 게 좋아.

좋은 생강 고르기!

색깔이 짙고 만져 봐서
단단할수록 좋아. 울퉁불퉁하면서
한 덩어리에 여러 조각이
붙어 있어야 매운맛과 향이 강해.

🍳 요리조리 생강과자 만들기   재료 생강, 설탕, 꿀, 밀가루, 기름

1. 생강을 하루 동안
   물에 담가서 쓴맛을 빼내.

2. 생강을 찧어서 밀가루에
   설탕과 꿀을 넣고 반죽해.

3. 먹기 좋은 크기로
   기름에 튀겨 내.

4. 잣가루를 뿌리거나
   꿀을 바르면 더 맛있어.

🐞 뿌리채소 모여라!

곡식과 콩

옥수수처럼 끼니를 때우려고 먹는 낟알을 곡식이라 하고,
밭에 심어 기르면서 꼬투리에 씨를 맺는 곡식을 콩이라고 해요.

103

땅콩은 어떻게 자랄까?

땅콩은 밭에 심어 기르는 한해살이풀이야.
꽃가루받이를 하면 꽃이 땅속으로 뚫고 들어가서 열매를 맺어.
부드러운 모래땅에 심어야 꽃이 쉽게 땅속으로 들어갈 수 있지.
꽃이 땅속에 묻히지 못하면 열매가 안 열려.

본잎
떡잎

1. 씨앗은 불그스름하고 얇은 껍질에 싸여 있어.
밭에다 씨앗을 심고 스무 날쯤 지나면 싹이 올라와.
떡잎은 땅속에 있고 땅 위로 나온 게 본잎이야.

잎줄기

2. 심은 지 한 달 넘게 지나면
잎줄기가 뻗어 나가면서 빠르게 자라.

땅콩은 낮에는 잎을 펼치고
밤에는 잠자는 것처럼 쪽잎을 오므려.
이걸 수면운동이라고 해.

3. 심고 나서 두 달쯤이면 잎줄기가 무성해지고 꽃이 피기 시작해.
한 그루에 있는 암꽃과 수꽃끼리 꽃가루받이를 하지.

← 씨방 자루

④
꽃가루받이를 하고 나면 암꽃 씨방 자루가
아래쪽으로 길게 뻗으면서 땅을 뚫고 들어가.
땅속에서 꼬투리 열매가 열리지.

호미 아줌마가 들려주는 텃밭! 하나 더 알기

꽃이 땅속으로 들어가서 열매가 열린다고
땅콩을 '낙화생'이라고도 해.
씨방이 땅속에 들어가서 통통해지면 그 안에
알이 생기지. 꽃이 필 무렵, 흙을 자주 돋워 주면
씨방이 땅속으로 잘 들어가서 열매가 많이 달려.

⑤
10월쯤에 잎이 누렇게 바뀌기 시작하면 거둬들여.
꼬투리 속에 씨앗이 두세 개 들어 있어.
우리가 먹는 땅콩이 바로 이 씨앗이야.

🦋 줄기째 뽑아서 며칠 동안 그늘에서
말린 뒤에 줄기에서 씨앗을 떼어 내.

107

보리랑 콩콩이랑 땅콩을 냠냠 쩝쩝

땅콩은 고소한 맛이 좋아서 볶거나 삶아서 주전부리로 많이 먹어.
조려서 반찬을 만들어 먹기도 하지. 기름을 짜서 버터나 낙화생유를 만들기도 해.
꼬투리 속에 든 붉은 껍질까지 먹으면 몸에 더 좋아.

꼬투리 속에 몇 개 들었을까?

땅콩은 허리가 잘록한 누에고치처럼 생겼어.
볼록하게 나온 곳에 땅콩이 하나씩 들어 있지.
꼬투리 속에 땅콩 알이 보통 두세 개 들어 있어.
작은 건 달랑 하나만 든 것도 있지.

땅콩은 어디에 좋을까?

땅콩에는 몸에 좋은 기름이 들어 있어. 날마다 꾸준히 열 알쯤 먹으면 여러 가지 병을 예방할 수 있어.

 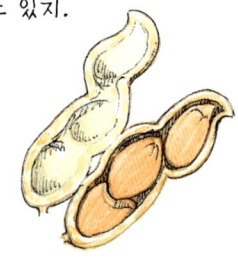 

땅콩싹나물을 어떻게 기를까?

땅콩으로 나물을 키울 수도 있어. 땅콩싹나물은
꼭 콩나물처럼 생겼지. 땅콩알을 물에 담갔다가
물이 잘 빠지는 소쿠리 같은 데 넣고 키워.
하루에 서너 번 물을 주면 싹이 나오기 시작해.
콩나물과 기르는 방법이 비슷한데,
콩나물보다는 조금 더 따뜻한 곳에 두어야 싹이 잘 나.

🍳 요리조리 땅콩강정 만들기   재료 땅콩, 시리얼, 설탕, 조청

1. 설탕과 조청을 반씩 넣고 설탕이 녹을 때까지 보글보글 끓인 뒤 불을 꺼.

2. 껍질을 벗긴 땅콩과 시리얼, 설탕물을 넣고 고루 섞어.

3. 도마에 재료를 부은 뒤 방망이로 밀어.

4. 알맞게 식으면 먹기 좋게 잘라서 과자처럼 먹어.

동글동글 완두

연둣빛 꼬투리 속에
동글동글 완두가
줄 지어 앉아 있네

곧뿌림 하는 때 3월 말
모종하는 때 4월 중순
거두는 때 6월 초

완두는 어떻게 자랄까?

완두는 열매를 먹으려고 심어 기르는 한해살이 덩굴 식물이야.
줄기 끝에서 나온 덩굴손이 버팀대를 칭칭 감고 올라가면서 자라지.
서늘한 날씨를 좋아해서 이른 봄에 심어서 여름이 시작되면 거두어들여.
물 빠짐이 좋고 바람이 덜 부는 밭에서 잘 자라.

① 씨앗은 연둣빛이고 쭈글쭈글해.
물에 한나절 동안 불렸다가 밭에 바로 씨앗을 심어.

싹이 어른 손가락 길이만큼 자라면 솎아 내. ← 본잎
떡잎

② 씨앗을 심고 2주쯤 지나면 싹이 올라와.
며칠 더 지나면 본잎이 자라기 시작해.

← 덩굴손

줄기는 1미터까지 자라고, 속이 비어 있어.

↗ 줄기
잎겨드랑이 ↘

③ 심은 지 한 달쯤 지나면 잎이 넓어지고
잎겨드랑이에서 덩굴손이 나와. 버팀대를 세우고
덩굴손이 감고 올라갈 수 있도록 방향을 잡아 줘.

호미 아줌마가 들려주는 텃밭! 하나 더 알기

덩굴손이 휘감을 데가 없으면 열매가 덜 열려.
버팀대를 세워 주는 게 좋지.
버팀대가 너무 굵으면 아예 휘감지 않으니까
알맞은 걸로 잘 골라. 가지가 많은 버팀대를 쓰면
덩굴이 더 잘 뻗어 나가.

연두색 콩알이 대여섯 개 들어 있어.

덜 익었을 때 따 먹기도 해.
꼬투리가 통통해지면 먹기 좋은 때야.

덩굴째 거두어들여서 며칠 동안
햇볕에 말린 다음 꼬투리를 떨어내.

덩굴손이 나오고 한 달쯤 지나면 줄기 끝에 나비처럼 생긴
붉은 꽃이 피어. 꽃이 지면 연두색 꼬투리 열매가 열리지.
다 익으면 꼬투리가 누렇게 돼.

111

보리랑 콩콩이랑 완두를 냠냠 쩝쩝

완두는 고소한 맛이 좋아서 밥에 놓아 먹거나
여러 음식들에 넣어 먹어. 덜 익은 완두로 통조림을 만들기도 하지.
동글동글한 생김새와 연둣빛 색깔이 고와서 음식에 멋을 낼 때도 쓰여.

짜장면에도 넣어 먹고
빵에 넣기도 하지!

꼬투리째 삶아 볼까?
덜 익은 완두는 꼬투리째 삶아서 까 먹어.
삶을 때, 끓는 물에 소금을 조금 넣고,
완두를 얼른 넣었다 꺼내.

완두를 어떻게 보관할까?
물기가 없는 그릇에
소금을 깔고 콩을 보관하면
오래 두어도 벌레가 안 생겨.

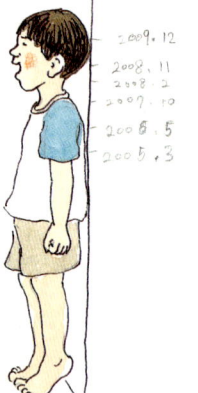

완두콩밥
우리 나라 사람들은
예로부터 콩밥을 즐겨 먹었어.
쌀과 콩을 함께 먹으면
서로 모자란 영양을 채워 줘.

완두콩밥 먹고 키 재기 해 볼까?
완두는 뼈에 좋은 칼슘이
많이 들어 있어. 쑥쑥 자라는
어린이들한테 아주 좋지.

🍳요리조리 완두콩죽 만들기
재료 완두, 우유, 물, 소금 (입맛에 따라 불린 쌀을 갈아 넣기도 해.)

1. 완두를 끓는 물에 넣고 푹 삶아.
2. 삶은 완두를 건져 내서 절구에 넣어 곱게 빻아.
3. 빻은 완두를 우유와 함께 냄비에 붓고 소금으로 간을 해.
4. 걸쭉해질 때까지 끓이면 고소한 완두콩죽 완성!

옥수수는 어떻게 자랄까?

옥수수는 밭에 심어 기르는 한해살이 곡식이야.
꽃에 색과 냄새가 없어서 벌이나 나비가 꽃가루를 옮기지 않고
바람이 꽃가루받이를 도와주지. 같은 그루끼리는 꽃가루받이를
하지 않아서 여러 그루를 한데 심어야 열매가 열려.

밭에 바로 씨앗을 심어도 싹이 잘 나.

❶ 씨앗을 심은 지 일주일쯤 지나면 싹이 나와.
며칠 더 지나면 땅 위로 쑥 올라오지.

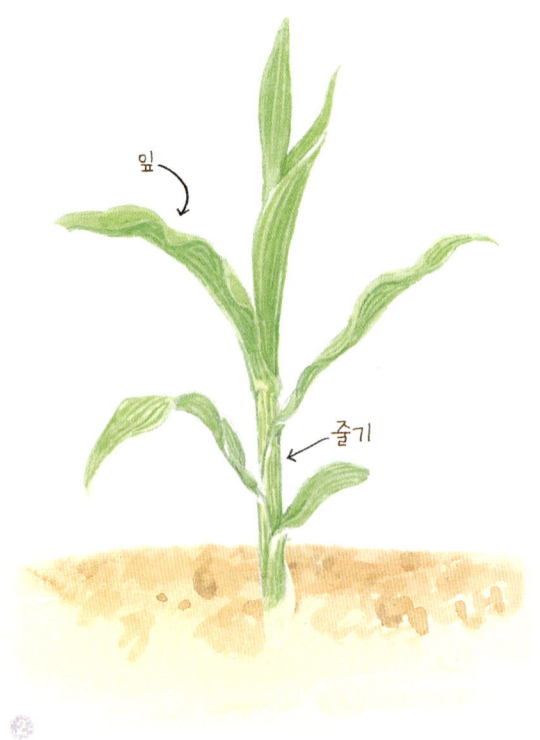

잎

줄기

❷ 심은 지 3주쯤 지나면 줄기가 곧게 뻗기 시작해.
잎이 줄기를 감싸고 위쪽으로 뻗어 나가면서 자라.

암술머리

옥수수염

❸ 심은 지 한 달 반쯤 지나면 꽃이 피어.
암술머리는 털처럼 달려 있지. 처음에는 하얗고
촉촉하다가 꽃가루받이를 하면 붉은색으로 바뀌어.

암술머리 한 올 한 올이 꽃가루받이를 해야
알맹이가 생겨. 그래서 암술머리 개수와
옥수수 알맹이 개수가 똑같아.
암술머리가 옥수수염이야.

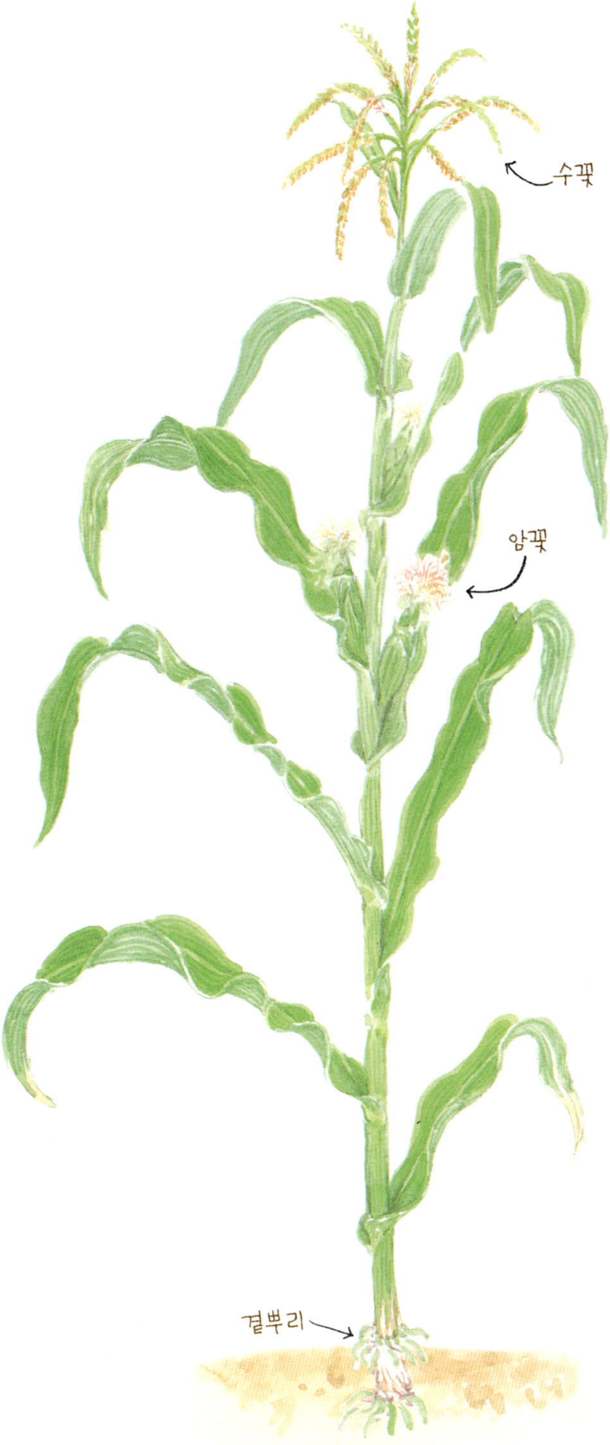

↖ 수꽃

↖ 암꽃

↗ 곁뿌리

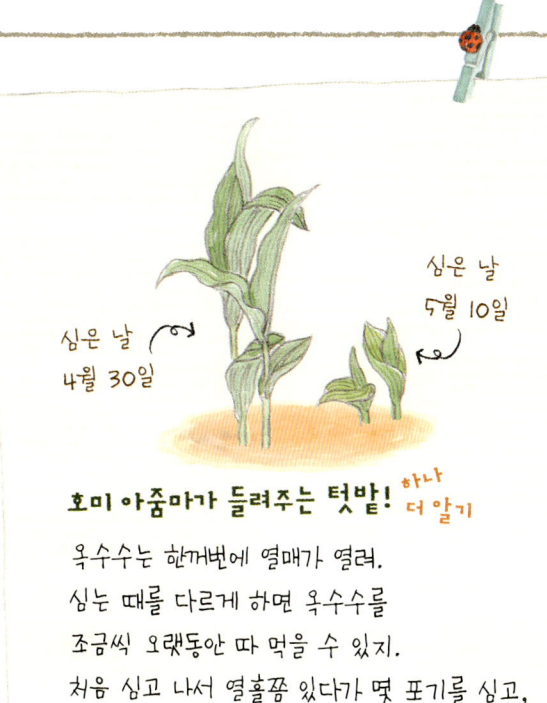

심은 날
4월 30일

심은 날
5월 10일

호미 아줌마가 들려주는 텃밭! 하나 더 알기

옥수수는 한꺼번에 열매가 열려.
심는 때를 다르게 하면 옥수수를
조금씩 오랫동안 따 먹을 수 있지.
처음 심고 나서 열흘쯤 있다가 몇 포기를 심고,
또 열흘쯤 있다가 몇 포기를 심어.

다 자라면 사람 키보다 더 커. 줄기가 땅과
만나는 곳에 받침대처럼 곁뿌리가 나와 있어서
긴 줄기를 튼튼하게 받쳐 주지.

보리랑 콩콩이랑 옥수수를 냠냠 쩝쩝

옥수수는 알갱이를 씹는 맛이 좋고 고소해서, 즐겨 먹는 여름철 간식이야.
바로 딴 옥수수는 주로 쪄서 먹어. 말린 옥수수 알갱이는 가루를 내서
죽을 끓이거나 빵, 과자 만들 때 넣기도 해.

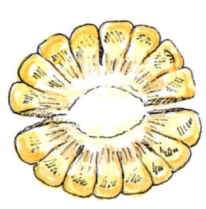

구수한 옥수수수염차
옥수수수염은 끓이면 구수한 향이 참 좋아.
차로도 마시고 오줌내기 약으로도 쓰지.

옥수수는 어디에 좋을까?
옥수수를 잘라 보면
가지런히 박힌 알갱이가 꼭
치아처럼 보여. 그래서 그런지
옥수수는 이를 덜 썩게 한대.

옥수수를 언제 딸까?
옥수수수염이 마르기 시작하면 옥수수를 거두어들여.
옥수수는 따서 바로 쪄 먹는 게 가장 맛있어.

옥수수 뻥튀기
말린 옥수수 알갱이는
뻥튀기를 해 먹으면
정말 고소해.

요리조리 올챙이국수 만들기
재료 옥수수, 양념장(간장, 참기름, 고춧가루, 다진 마늘, 다진 파, 참깨)

1. 옥수수를 물에 불려서 곱게 갈아. 간 옥수수를 체에 올려서 껍질을 걸러 내.
2. 낮은 불에 올려놓고 눌어붙지 않게 저으면서 끓여.
3. 찬물 위에 굵은 체를 얹고 끓인 옥수수를 부어. 숟가락으로 누르면 올챙이 모양이 만들어져.
4. 올챙이국수를 건져서 양념장에 비벼 먹어.

끝이 뾰족뾰족 톱니바퀴 들깨 잎
줄기 끝에 자잘한 하얀 꽃
잎에서도 꽃에서도 향긋한 냄새가 폴폴

톱니바퀴 잎
들깨

곧뿌림 하는 때 5월 말
모종하는 때 6월 말
거두는 때 10월

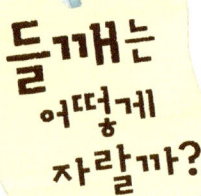

들깨는 어떻게 자랄까?

들깨는 밭에 심어 기르는 한해살이풀이야.
땅을 가리지 않고 잘 자라서 기르기가 쉬워. 따로 두둑이나 고랑을 내지 않고 다른 채소를 심고 남는 자리에다 심어도 되지.
줄기나 가지 끝에서 나는 독특한 향 덕분에 벌레도 많이 안 꼬여.

씨앗은 아주 작고 동글동글해.
밭에 씨앗을 뿌려서 모종을 키워. 씨앗을 심은 지 사나흘이 지나면 싹이 올라와.

← 본잎
← 떡잎

싹이 나고 일주일쯤 지나면 본잎이 나와.
이때쯤 하루가 다르게 자라.

← 줄기

씨를 뿌리고 한 달쯤 지나면 줄기가 곧게 올라오고 잎도 많이 달려. 이때 키울 자리에 모종을 옮겨 심어.

씨앗이 생기면
꽃이 떨어지고
꼬투리가 갈색으로
바뀌어.

호미 아줌마가 들려주는 텃밭! 하나 더 알기

옮겨 심을 때 키가 커서 제대로 서지 않는 모종은 조금 눕혀서 심어. 줄기가 땅에 묻히면 거기서 또 뿌리가 나와. 원뿌리와 줄기에서 나온 뿌리가 모두 땅 위로 나온 줄기를 튼튼하게 받쳐 주니까 들깨가 더 잘 자라거든.

옮겨 심고 두 달이 지나면 줄기 끝에 자잘한 흰 꽃이 모여서 피어.
꽃이 피고 3주쯤 지나면 꽃망울 속에 하얀 씨앗이 들어차.
이 씨앗이 우리가 먹는 들깨야.

잎이 누렇게 물들면 줄기째 베어 내.
일주일쯤 말린 다음 씨앗만 떨어내.

보리랑 콩콩이랑 들깨를 냠냠 쩝쩝

향이 좋아서 쌈 채소로 많이 먹는 '깻잎'이 바로 들깨의 잎이야.
졸이거나 쪄서 반찬으로 만들어 먹기도 하지. 씨앗으로는 들기름을 짜.
들기름은 고소한 맛이 좋아서 나물을 무칠 때 많이 넣어.

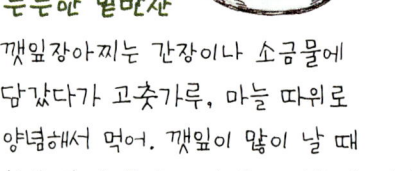

든든한 밑반찬
깻잎장아찌는 간장이나 소금물에 담갔다가 고춧가루, 마늘 따위로 양념해서 먹어. 깻잎이 많이 날 때 한번 담가 두면 오래 두고 먹을 수 있지.

깻잎향 솔솔 나는 참치김밥
참치김밥에 깻잎을 넣으면 향이 아주 좋아. 밥 위에 깻잎을 깔고 볶은 참치를 얹어. 참치와 상큼한 깻잎 향이 어우러져서 담백한 맛이 나.

꽃도 먹을 수 있어
씨앗이 여물지 않은 꽃을 따서 튀김을 만들어 먹어. 씨앗의 고소함과 꽃의 향긋함을 함께 맛볼 수 있지.

요리조리 들깨꽃튀김 만들기
재료 들깨꽃, 밀가루나 찹쌀가루, 소금, 기름

1. 들깨꽃을 꼬투리째 따서 살살 씻어.
2. 밀가루나 찹쌀가루에 소금과 물을 넣고 반죽해.
3. 팬에 기름을 넉넉히 두르고 들깨꽃에 반죽을 입혀서 튀겨.
4. 노릇노릇해지면 건져서 기름을 떨어내고 먹어.

🐞 곡식과 콩 모여라!

이제 한 해 농사가 다 끝났어.
텃밭에서 배추랑 무 뽑아다 김장을 담글 거야.
겨울 동안, 내년에 무얼 심을지 계획을 세워 봐.

더 알아볼까?

 **농기구**

텃밭 농사에 필요한 농기구들이야.
밭을 일구고, 풀을 뽑고, 씨앗이나 모종을 심고 거두는 데 쓰이지.

모종판
모종을 키울 때 써.

물뿌리개
밭에 물을 줄 때 쓰지.

호미
모종삽
어린이용 삽

텃밭 농사에서
가장 많이 쓰이는 농기구야.
씨앗을 뿌리거나 모종을
심을 때, 풀을 뽑거나
흙을 돋울 때 주로 써.

낫
풀이 정신없이 올라와서
뽑아내는 게 어려우면
낫으로 풀을 베어 내.
베어 낸 풀을 고랑에 깔아 두면
풀이 더 자라는 걸 막을 수 있어.

어린이들이
쓰기에는
위험해.

노끈
가지랑 버팀대를
묶어 줄 때 써.

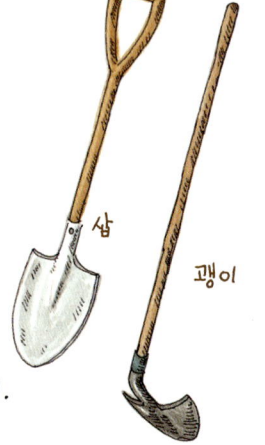

삽
괭이

농사를 시작할 때
가장 먼저 쓰여.
흙을 뒤집어서
밭을 일구거나
거름을 낼 때 쓰지.

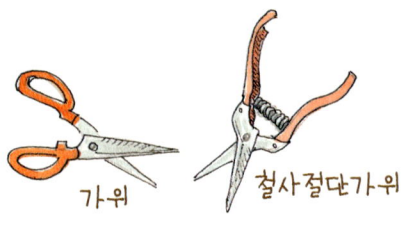

가위
철사절단가위

곁순이나 가지를 치거나
노끈 따위를 자를 때 써.

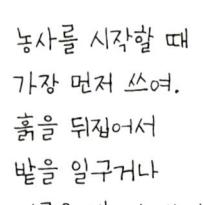

거름 만들기

거름을 넣으면 흙이 부드럽고 촉촉해져. 흙이 기름져야 작물이 잘 자라지.
집에서 쉽게 거름 만드는 방법을 알아볼까?

🐞 지렁이 분변토 만들기

'분변토'는 지렁이가 흙과 흙 속에 썩은 식물들을 먹고 싼 똥이야.
지렁이 똥은 흙을 기름지게 만들어. 작물에 병을 일으키는 벌레들이
자라는 걸 막고 흙을 촉촉하게 해 주거든.

소금기가 있는 건
물에 헹궈서 넣어 줘.

말린 달걀 껍질을 잘게 부수면
거름으로 쓸 수 있어.

뚜껑이 있는 통이나 항아리에 흙과 톱밥을 섞어서 깔고 지렁이를 넣어.
일주일에 한 번 다듬고 남은 채소나 과일 껍질을 넣고 뚜껑을 덮어.
흙이 딱딱해지지 않도록 가끔씩 뒤집어 주고, 물도 뿌려 줘.

🐞 병 씻은 물 모으기

우유나, 막걸리, 요구르트를 먹고 나서 병을 헹군 물을 한곳에 모아.
며칠 뒀다가 밭에 뿌려 줘.

쌀뜨물도
함께 모아.

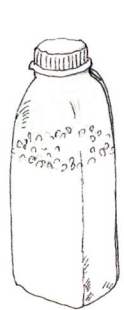

125

자연 농약 만들기

농사를 짓다 보면 들끓는 벌레 때문에 애를 먹지.
화학 농약을 쓰면 벌레를 쉽게 잡을 수 있지만 사람한테도 안 좋고,
흙을 기름지게 만드는 벌레들까지 죽게 돼.
둘레에서 쉽게 얻을 수 있는 재료로
자연 농약을 만들어 쓰면 사람과 자연, 모두한테 좋아.

> 자연농약으로는
> 화학 농약을 쓴 것처럼
> 벌레를 완전히
> 없앨 수는 없어.
> 벌레와 함께
> 조금 나눠 먹는다고
> 여기는 게 좋아.

진딧물 없애기

비린내를 없애려면 커피를 한 숟가락 넣어.

• **매운 고추 물 우려내기**
떨어지거나 벌레 먹은
매운 고추를 설탕과 함께
물에 섞어. 보름쯤 묵혀
두었다가 물만 걸러서 뿌려.

• **난황유**
달걀노른자와 물 한 컵을 그릇에 담아 풀어 줘.
식용유를 조금 넣고 잘 섞이게 충분히 저어.
냉장고에 넣어 뒀다가 큰 물병에 물을 담고
거기에 조금씩 녹여서 뿌려.

민달팽이 없애기

• **수가 적을 때 : 젓가락으로 잡기**
젓가락이나 나뭇가지로 잡아서
밭에서 멀리 떨어진 곳에 갖다 놔.

• **수가 많을 때 : 맥주와 담배 가루**
맥주 두 컵에 담배 가루를 섞어. 뚜껑이 없는 작은 그릇에
담아서 밭에 두면 한 번에 많은 수를 없앨 수 있어.

텃밭에서 볼 수 있는 벌레

텃밭에 손님이 찾아왔어. 반가운 손님도 있지만,
반갑지 않은 손님도 있지.
텃밭에서 만날 수 있는 벌레들을 살펴볼까?

잠자리
사마귀
방아깨비

🐞 작물에 도움을 주는 반가운 손님

꿀벌
배추흰나비

꿀벌과 나비는 여러 꽃들을
옮겨 다니며 꽃가루받이를 도와줘.

칠성무당벌레   애벌레

딱지날개에 까만 점이 일곱 개야.
칠성무당벌레와 애벌레는 진딧물을 잡아먹어.

지렁이

흙을 먹고 흙 똥을 눠서
땅을 기름지게 만들어.

🐞 작물에 해를 끼치는 반갑지 않은 손님

이십팔점박이 무당벌레
애벌레

딱지날개에 까만 점이
스물여덟 개야. 잎을
갉아 먹어서 누렇게 만들어.

배추흰나비 애벌레(배추벌레)

배추에 유난히 많이 꼬여.
잎을 갉아 먹지.

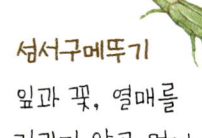
섬서구메뚜기

잎과 꽃, 열매를
가리지 않고 먹어.

진딧물

잎이나 줄기에 붙어서
즙을 빨아 먹어.

달팽이
민달팽이

잎과 줄기를 먹어.

쥐며느리

땅 쪽 줄기나
뿌리를 갉아 먹어.

땅강아지

뿌리를 갉아 먹어.

개미

작물에 직접 해를 주지 않지만,
진딧물이 내놓는 배설물을 먹고
진딧물을 보호해 줘.

가꾸기 달력

- 🟢 모종용 씨앗 심는 때
- 🟣 곧뿌리는 때
- 🔴 모종하는 때
- 🔵 거두는 때

	3월	4월	5월	6월	7월	8월	9월	10월	11월	12월
고추	(2월 초) 🟢		🔴	🔵	🔵	🔵	🔵	🔵		
가지		🟢	🔴		🔵	🔵	🔵	🔵		
오이			🟣 🔴		🔵	🔵	🔵			
호박			🟣	🔴	🔵	🔵	🔵	🔵		
토마토		🟢	🔴		🔵	🔵	🔵	🔵		
딸기				🔵 이듬해	🟢			🔴		
수박			🟢 🔴			🔵	🔵			
참외			🟢 🔴		🔵	🔵	🔵			
시금치	🔵 이듬해						🟣	🔵	🔵	🔵
배추						🟣 🔴		🔵	🔵	
대파	봄파 🟣	🔵	🔴	🔵 이듬해		봄파 🔵	가을파 🟣	🔵	🔵	🔵 이듬해
		가을파	🔴 이듬해							

* 씨앗과 모종을 심고 거두는 때는 그 고장 날씨에 따라 조금씩 달라요. 이 책은 경기도를 기준으로 삼았습니다. 자기가 사는 고장의 심고 거두는 때를 알아보고, 새로운 재배 달력을 만들어 보세요.

	3월	4월	5월	6월	7월	8월	9월	10월	11월	12월
상추		▨	▨	▨						
감자	씨감자 심기			▨						
양파							▨	▨		
무						▨			▨	
당근	봄당근 ▨			▨		가을당근 ▨			▨	
고구마	씨고구마 심기 ▨		순 내기 ▨				▨			
생강			씨생강 심기 ▨					▨	▨	
땅콩			▨				▨			
완두		▨	▨	▨						
옥수수			▨	▨	▨					
들깨			▨	▨			▨			

'가나다'로 찾아보기

*작물 정보는 《세밀화로 그린 보리 어린이 식물 도감》을 따랐습니다.

가

- **가지** 25쪽
  분류 가지과
  다른 이름 가자, 자가
  따는 때 여름부터 늦가을까지
  쓰임 반찬으로 먹거나 열매꼭지는 약으로 쓴다.
  가꾸기 봄에 씨를 뿌리거나 모종을 낸다.

- **감자** 73쪽
  분류 가지과
  다른 이름 감저, 북저
  캐는 때 6~7월
  쓰임 끼닛거리나 반찬으로 먹는다.
  가꾸기 덩이줄기에 눈이 붙도록 쪼개서 밭에 심는다.

- **고구마** 93쪽
  분류 메꽃과
  다른 이름 감서, 남서, 단감자
  캐는 때 가을
  쓰임 덩이뿌리와 순을 먹는다.
  가꾸기 봄에 따뜻한 곳에서 순을 내어 옮겨 심는다.

- **고추** 21쪽
  분류 가지과
  다른 이름 진초, 당추, 신초
  익는 때 7~8월
  쓰임 반찬으로 먹거나 가루를 내어 양념으로 쓴다.
  가꾸기 봄에 씨를 뿌리거나 모종을 낸다.

다

- **당근** 89쪽
  분류 산형과
  다른 이름 홍당무, 빨간무
  뽑는 때 여름, 초겨울
  쓰임 뿌리는 먹고, 열매는 약으로 쓴다.
  가꾸기 봄에 씨를 뿌린다.

- **대파** 65쪽
  분류 백합과
  다른 이름 총, 움파
  씨 여무는 때 6~7월
  쓰임 양념으로 쓰고, 뿌리는 약으로 쓴다.
  가꾸기 가을에 씨를 뿌린다.

- **들깨** 117쪽
  분류 꿀풀과
  다른 이름 임, 추소
  거두는 때 9~10월
  쓰임 잎은 나물로 먹고, 씨는 기름을 짠다.
  가꾸기 봄에 씨를 뿌린다.

- **딸기** 41쪽
  분류 장미과
  다른 이름 딸, 양딸기
  따는 때 6월
  쓰임 열매를 먹는다.
  가꾸기 기는줄기를 뿌리째 잘라 심는다.

- **땅콩** 105쪽
  분류 콩과
  다른 이름 호콩, 낙화생
  캐는 때 9~10월
  쓰임 볶아서 먹거나 기름을 짠다.
  가꾸기 봄에 씨를 심는다.

마

- **무** 85쪽
  분류 십자화과
  다른 이름 무꾸, 무시, 무수
  뽑는 때 가을
  쓰임 김치나 반찬을 만들어 먹는다. 약으로도 쓴다.
  가꾸기 늦여름이나 봄에 씨앗을 뿌린다.

ㅂ
- **배추** 61쪽
  분류 십자화과
  다른 이름 배차, 백채, 배채, 숭채
  뽑는 때 김장 배추는 늦가을에 뽑는다.
  쓰임 김치를 해 먹거나 나물로 먹는다.
  가꾸기 늦여름에 씨를 뿌린다.

ㅅ
- **상추** 69쪽
  분류 국화과
  다른 이름 부리, 부루, 상치
  뜯는 때 초여름
  쓰임 잎줄기를 먹는다.
  가꾸기 봄에 씨앗을 뿌리거나 모종을 심는다.

- **생강** 97쪽
  분류 생강과
  다른 이름 강, 새앙, 새양
  캐는 때 가을
  쓰임 뿌리줄기를 양념으로 먹거나 약으로 쓴다.
  가꾸기 봄에 뿌리줄기를 심는다.

- **수박** 45쪽
  분류 박과
  다른 이름 서과, 수과
  따는 때 6~8월
  쓰임 열매를 먹거나 약으로 쓴다.
  가꾸기 봄에 씨를 뿌리거나 모종을 심는다.

- **시금치** 57쪽
  분류 명아주과
  다른 이름 포항초
  뽑는 때 봄
  쓰임 뿌리잎을 먹는다.
  가꾸기 늦가을에 씨를 뿌린다.

ㅇ
- **양파** 77쪽
  분류 백합과
  다른 이름 옥파, 둥굴파
  캐는 때 늦은 봄
  쓰임 양념으로 쓰거나 약으로 쓴다.
  가꾸기 가을에 씨를 뿌린다.

- **오이** 29쪽
  분류 박과
  다른 이름 물외, 외
  따는 때 6~8월
  쓰임 열매를 먹고, 약으로 쓴다.
  가꾸기 봄에 씨를 뿌리거나 모종을 심는다.

- **옥수수** 113쪽
  분류 벼과
  다른 이름 강냉이, 옥출, 옥고량
  따는 때 9~10월
  쓰임 열매를 사람이나 가축이 먹는다.
  가꾸기 봄에 씨를 뿌린다.

- **완두** 109쪽
  분류 콩과
  꽃 피는 때 5~6월
  익는 때 6월
  쓰임 열매를 먹는다.
  가꾸기 늦가을에 씨를 뿌린다.

ㅊ
- **참외** 49쪽
  분류 박과
  다른 이름 외, 참의, 진과
  따는 때 7~8월
  쓰임 열매를 날로 먹는다.
  가꾸기 봄에 씨를 뿌리거나 모종을 심는다.

ㅌ
- **토마토** 37쪽
  분류 가지과
  다른 이름 땅감, 일년감
  따는 때 7~9월
  쓰임 날로 먹거나, 삶아서 양념으로 쓴다.
  가꾸기 봄에 씨를 뿌리거나 모종을 심는다.

ㅎ
- **호박** 33쪽
  분류 박과
  다른 이름 남과, 금과
  따는 때 8~10월
  쓰임 열매를 먹거나 약으로 쓴다.
  가꾸기 봄에 씨를 뿌리거나 모종을 심는다.

글 그림 장순일

'호미 아줌마'는 장순일 선생님 별명이에요. 장순일 선생님은 호롱불을 켜고 살만큼
깊은 산골 마을인 경상북도 예천에서 태어나 자랐어요. 지금은 도시에 살면서 7년째 텃밭 농사를 짓고 있습니다.
식물 그림을 좋아하는 장순일 선생님한테 텃밭은 훌륭한 선생님이라고 해요.
많은 어린이들이 보리랑 콩콩이처럼 텃밭에서 놀면서 자랐으면 하는 바람을 가지고 있대요.
그동안《고사리야 어디 있냐?》《도토리는 다 먹어》《풀도감》《무슨 나무야》
《무슨 꽃이야》《아이쿠, 깜짝이야》 같은 책에 그림을 그렸어요.

감수 안철환

안철환 선생님은 전국귀농운동본부 텃밭보급소 소장이에요.
언젠가 모든 사람들이 농사짓는 세상을 꿈꾸며, 도시 사람들에게 텃밭 농사를 알려 주러 다니는 일을 하고 있습니다.
그동안《24절기와 농부의 달력》《도시 농부들 이야기》《시골똥 서울똥》 같은 책을 펴냈어요.

개똥이네 책방 13
호미 아줌마랑 텃밭에 가요
우리가 즐겨 먹는 스물두 가지 작물의 한살이

2012년 6월 1일 1판 1쇄 펴냄
2014년 10월 24일 1판 3쇄 펴냄

글 그림 장순일 | **감수** 안철환 | **편집** 김로미, 김소영, 김현정, 양선화, 유문숙, 이경희, 이지나, 조성우 | **디자인** 한아람
제작 심준엽 | **영업** 백봉현, 안명선, 양병희, 이옥한, 정영지, 조병범, 최민용
경영 지원 임혜정, 전범준, 한선희
분해와 인쇄 (주)로얄프로세스 | **제본** 과성제책

펴낸이 윤구병 | **펴낸 곳** (주)도서출판 보리 | **출판 등록** 1991년 8월 6일 제9-279호
주소 (413-756) 경기도 파주시 직지길 492 | **전화** 031-955-3535 | **전송** 031-950-9501
누리집 www.boribook.com | **전자우편** bori@boribook.com

ⓒ 장순일, 2012

이 책의 내용을 쓰고자 할 때는, 저작권자와 출판사의 허락을 받아야 합니다. 잘못된 책은 바꾸어 드립니다.
값 15,000원

보리는 나무 한 그루를 베어 낼 가치가 있는지 생각하며 책을 만듭니다.

ISBN 978-89-8428-754-9 73480

이 도서의 국립중앙도서관 출판시도서목록(CIP)은 e-CIP홈페이지(http://www.nl.go.kr/ecip)와
국가자료공동목록시스템(http://www.nl.go.kr/kolisnet)에서 이용하실 수 있습니다.(CIP제어번호: CIP2012002289)